# 閱讀女作家

從《簡愛》到《暮光之城》，女性的書寫故事與生命歷程

卡塔玲娜‧馬倫霍茲 Katharina Mahrenholtz
朵恩‧帕里西 Dawn Parisi 著
麥德文 譯

遠流出版公司

國家圖書館出版品預行編目（CIP）資料

閱讀女作家：從《簡愛》到《暮光之城》，女性的書寫故事與生命歷程 /
　　卡塔玲娜‧馬倫霍茲（Katharina Mahrenholtz），朵恩‧帕里西（Dawn Parisi）
　　著；麥德文譯 . -- 初版 . -- 臺北市：遠流出版事業股份有限公司，2022.04
　　　面；　公分
　　譯自：Schriftstellerinnen!: Leben und Werke berühmter Autorinnen
　　ISBN 978-957-32-9461-0（平裝）

　　1. 女作家　2. 世界傳記

781.054　　　　　　　　　　　　　　　　　　　　　　　111002027

**閱讀女作家**　　從《簡愛》到《暮光之城》，女性的書寫故事與生命歷程
作者：卡塔玲娜‧馬倫霍茲 Katharina Mahrenholtz / 朵恩‧帕里西 Dawn Parisi　譯者：麥德文
主編：曾淑正　美術設計：丘銳致　企劃：葉玫玉

發行人：王榮文　出版發行：遠流出版事業股份有限公司　地址：台北市中山北路一段 11 號 13 樓
劃撥帳號：0189456-1　電話：(02) 25710297　傳真：(02) 25710197

著作權顧問：蕭雄淋律師　2022 年 4 月 1 日 初版一刷　售價：新台幣 420 元
缺頁或破損的書，請寄回更換　有著作權‧侵害必究 Printed in Taiwan
ISBN 978-957-32-9461-0（平裝）　 遠流博識網 http://www.ylib.com　E-mail: ylib@ylib.com

一字接一字再一字就凝聚成力量。

——瑪格麗特・愛特伍

梳洗是構思一本書的最佳時刻。

——阿嘉莎・克莉絲蒂

知名女作家們的生平交織成女性文學史，也順勢地展現了極為特殊的時代風貌。

## 前言

為女作家們特地寫本書？這不擺明了歧視嗎？寫作的女性和寫作的男性毫無區別——不需要女作家的專書。的確，在完美的世界裡確實是這樣。但是這個世界對女性而言並不那麼完美，整體來看不完美，書籍閱讀和書寫這方面也不完美。所有成年不識字的人有三分之二是女性，諾貝爾文學獎至今只有百分之十三頒給女作家，暢銷書榜上的男性作家多於女性（即使已經進入二十一世紀！）。

### 解放？

兩百年前，書寫的女性遭遇的困境當然多於現代女作家，但是不僅珍‧奧斯汀、喬治‧桑和博朗特姊妹被迫匿名發表（家族！道德！），就連喬安娜‧羅琳都接受出版社的勸告，只使用名字縮寫，因為年輕讀者看到女作家的名字可能不會想讀她寫的魔法故事——當時是 1997 年。

雪維亞‧普拉絲在 1960 年代被丈夫阻止寫作，他認為女性就該守在廚房。（在另一個案當中，這種心態反而有利作家生涯：1983 年，基爾絲汀‧波伊收養第一個孩子，兒童福利機關要求她放棄教師的工作，她照做了，然後成為作家。）

### 自己的房間

個人使用的房間——維吉尼亞‧吳爾芙在她聞名的短論中立下的願望，許多女性作家從未達成。湯瑪斯‧曼躲在書房裡寫作，禁止任何干擾，他的妻子卡提亞必須讓孩子們遠離書房。艾莉絲‧孟若、安娜‧戈華達和羅莎曼‧佩琦恰恰相反：她們都在夜晚寫作，趁著孩子們入睡的時候，或是煮馬鈴薯的時候坐在餐桌邊寫作，或者孩子就坐在懷裡——好比童妮‧摩里森，她常抱著兩個兒子寫作，要是孩子吐在稿紙上，她就避開那一片狼藉繼續寫。

當然也有日子不好過的男性作家，但是許多女作家的悲慘生活根本超乎尋常：被父親嚇阻、被關在家裡（愛蜜莉・狄金生），被丈夫貶低（索菲亞・托爾斯泰、賽爾達・費茲傑羅）。流產、早產、逼婚，不幸的愛情（英格柏・巴赫曼），出櫃被阻（達夫妮・杜穆里埃），在男性之間孤身奮戰（朵樂希・帕克），不被認可的天才（伊姆加德・科伊恩）。這許多真實活過的生命，那麼多潛能，其中卻有那麼多被浪費了。

## 您知道嗎？

| 越南戰爭爆發 | 第一個芭比娃娃 | 避孕藥問世 |
|---|---|---|
| 1957 | 1959 | 1960 |
| | 《獨倚一枝玫》希爾德・多敏 | 《梅岡城故事》哈波・李 |

哈波・李的《梅岡城故事》出版那一年，避孕藥剛好上市。避孕藥上市前一年，可以買到第一批芭比娃娃——女性解放的弔詭之處。這一切都可以從時間線看出，時間線貫穿全書。

## 女士優先
和本系列其他書籍（《上一堂有趣的文學課》、《上一堂有趣的戲劇課》）相反，本書的重點不在作品，而是在於介紹女作家們的生平。

時間線
時間線呈現作品標題及其發表年份，若為戲劇則為原文劇本首演年。時間線下方是文學作品，上方是其他相關訊息。

# 莎孚 Sappho
## 西元前 630-570 年，希臘

柏拉圖稱她是第十個繆斯女神，一點都未誇大，莎孚無疑是古典時期最偉大的女詩人，可惜我們對她的生平細節所知不多：她在西元前 600 年誕生，住在勒斯博島，為年輕女孩授課，並且寫下九本書，共一萬兩千行詩句，可能。因為驚人地只有一首詩完整流傳下來（《阿芙蘿黛蒂頌歌》），此外只有大約兩百份斷簡殘篇。

大多數人斷然地將她和女同性戀聯想在一起——不算錯，卻也不那麼正確。她在作品當中歌頌女性，卻也讚揚男性，擁有男、女情人，在古代並不像今日有那麼鮮明的界限；何況同性之間的愛在當時算是特別崇高的愛情。

但除此之外呢？我們只能大略猜測莎孚的外貌和個性：她是優雅、端莊和善良，或是嬌小、情緒化而且一點都不可人呢？她出身貴族世家，可能有個富裕的丈夫，還有一個女兒名叫克萊絲。莎孚可能因為情傷從高岩一躍而下，或者這只是她詩中的一個情節。

### 迴響

莎孚在世的時候受世人尊敬，後來卻被妖魔化，因為風氣越來越保守，她對愛情的敘述太過開放，而長期受到摒棄，但目前大家早已一致認定莎孚是個天才。佛列德里希·施列格早在 1798 年寫道：「要是我們還得見莎孚的全部詩作，我們或許根本不會記得荷馬。」

### 名言

> 月已沉／昴宿星團也落下／中夜，無須再等待，我獨眠。

### 小道消息

有個非常古老的垃圾桶變成莎孚研究者的金礦：英國考古學家於十九世紀末在埃及挖掘古城俄克喜林庫斯（Oxyrhynchus）的廢棄物，並且在其中發現保存良好的莎草紙卷。藉助美國太空總署的技術，已經泛白的文字得以重見天日，於是——發現啦！不僅出現大家認為早已佚失的索福克勒斯及荷馬作品，還浮現了莎孚的整首詩！

---

| 800B.C. | | 波斯戰役爆發 | 孔子逝世 | |
|---|---|---|---|---|
| 西元前八世紀 《伊利亞德》 荷馬 | 約西元前 600 《阿芙蘿黛蒂頌歌》 莎孚 | 西元前 499 | 西元前 479 | 西元前 472 《波斯人》 艾斯奇勒斯 |

# 特別精選
快速瀏覽女作家生平

## 紫式部
### Murasaki Shikibu
約 973-1016 年，日本

日本首位長篇小說女作家——其實也是全世界第一個長篇小說女作家。她是皇后的女侍，三十歲的時候，已經因為小說的第一章而馳名，奉召進宮，在宮中卻不覺自在——顯然和其他女侍多有齟齬，尤其是她的寫作對手清少納言讓她的日子很不好過。但是紫式部和皇后的關係融洽，她必須提供皇后娛樂，讓皇后熟悉最重要的文學作品。工作之餘她繼續寫作《源氏物語》，今日已被視為世界文學的大師之作，尤其在日本啟發了許多電影、連續劇和漫畫的靈感。小說章節述說光源氏的愛欲情愁，這位皇子甚至和繼母有一段情史。

## 朱莉安娜·伯納斯
### Juliana Berners
1400-1460 年，英國

寫作在中古世紀並非特別時髦的事：只有很少人識字，紙張昂貴，更別提印書了，而且人們有其他要煩惱的事情。女性的閒暇時間（只要騰得出來）多用來刺繡而非寫作。朱莉安娜·伯納斯是修道院的院長，卻不只有兩種（對女性而言）怪異的嗜好——狩獵和打漁，而且還提筆加以敘述。她的作品《釣竿釣魚論》描寫釣魚的基礎（包括飛蠅釣魚），倡導環保，時至今日還能買到口袋書版本。除了這本工具書以外，伯納斯還寫詩，而且主題是狩獵和馴鷹：《馴鷹及狩獵書，兼論紋章》。可惜幾乎無人知曉伯納斯的生平，甚至不確定她究竟是否存在……

《當知之道》
希德嘉·賓恩

《維納斯的誕生》
波提伽利

《女巫之槌》
海利希·克拉瑪

1008
《源氏物語》
紫式部

1151

1486
《馴鷹及狩獵書》
朱莉安娜·伯納斯

1595
《柯洛琳達的哀歌》
瑪麗·希德尼

## 瑪麗‧希德尼
## Mary Sidney
### 1561-1621 年，英國

和莎士比亞同一時代，因此一說起《哈姆雷特》等作品的真實作者究竟是誰，瑪麗‧希德尼的名字一再被提起也就不足為奇。但是並無真憑實據，她也不是莎士比亞懷疑論者的首選作家。

瑪麗‧希德尼出身貴族，結了婚，有四個孩子，接受良好教育，紅金色的時髦捲髮看起來像依莉莎白一世。這個女人是真正的多才多藝：她主持一個文學沙龍「威爾頓圈子」（Wilton Circle），翻譯佩脫拉克的作品和聖經經文，寫詩和劇本（例如《安東尼的悲劇》，問世早於莎士比亞的《安東尼與克麗奧佩托拉》），在自家的化學室裡作實驗，舉辦盛大宴會，傾向神祕主義──而且還會繡花！

## 瑪莉－瑪德蓮‧拉法耶特
## Marie-Madeleine de La Fayette
### 1634-1693 年，法國

瑪莉－瑪德蓮十八歲的時候，她的繼父被捲入反政府革命當中，失敗之後被驅逐到省區去。這對年輕女性而言並非良好的起點。她的母親居然能籌出嫁妝，為她找著一個年齡比她大一倍的負債伯爵，只能說她運氣好。但是瑪莉－瑪德蓮從中取得最大利益：她以驚人的法學能耐應付丈夫的債權人，認識深具影響力的人，為了轉移注意力而寫點文學作品。尤其是她的歷史長篇小說《克萊芙王妃》非常成功──但也充滿爭議。這本小說討論的問題是：「如果已婚婦女愛上另一個男人該如何是好？」這樣的事情就發生在克萊芙王妃身上，她已婚，覺得丈夫人很好，但是沒有愛情（丈夫卻很愛她）。她在舞會上認識一個公爵，愛情、激情和絕望──她該怎麼辦，畢竟應該保持忠誠啊！最後她向丈夫坦白自己愛上另一個人。哎呀！心碎，生病，死去。這時王妃其實能和公爵結婚，她卻沒有這麼做。

引發不少爭論！坦承，放棄，該這麼做？不該這麼做？反正這本書變成暢銷書。

| 伊莉莎白女王一世<br>逝世 | 發現澳洲<br>（威廉‧揚松） | 五月花號<br>抵達鱈魚角 | | |
|---|---|---|---|---|
| **1603** | **1606** | **1620** | **1677** | **1678** |
| | 《馬克白》<br>莎士比亞 | | 《海盜或流亡貴族》<br>艾佛拉‧班恩 | 《克萊芙王妃》<br>瑪莉－瑪德蓮‧拉法耶特 |

# 艾佛拉‧班恩 Aphra Behn

1640-1689，英國

女間諜、女性主義者、女作家，受歡迎並且有自信，卻受到質疑，總是捉襟見肘——身為英國第一個職業女性作家，艾佛拉‧班恩的日子並不好過。雖然她非常成功，（或正因此）她被男性同行敵視，此外人們也覺得她的作品太開放，認為她的觀點過度自由。她是平民人家的孩子，1663年據推測曾和家人一起移居南美蘇利南（Suriname），當時是英國殖民地。她後來回到英國，和約翰‧班恩結婚（他據信是個荷蘭商人），不久之後丈夫就過世。艾佛拉‧班恩只得賺錢維生，到安特衛普從事間諜工作。可惜英國國王並未老實付款，班恩於是負債入獄。拘役之後她身無長物，卻下定決心改變情況。

> 相愛時刻的一分鐘，勝過一整天日常生活。

她也試著寫作劇本，當時對新劇本的需求很大，班恩輕佻的喜劇很快受到觀眾的喜愛。她並不考慮再婚，寧可自由、獨立地生活。同時代的男性作家覺得這根本傷風敗俗——她在世時完全沒有獲得讚譽和認可。
一直到維吉尼亞‧吳爾芙才重新把她挖掘出來，認為「所有的女性都該到艾佛拉‧班恩的墳前獻花……因為她為所有女性爭取到直言自己想法的權利。」

## 作品

艾佛拉‧班恩最知名的舞台劇本是《海盜或流亡貴族》，她在三十七歲寫下這個劇本，直到十八世紀中葉依然常在倫敦舞台上演。特別值得重視的卻是她的長篇小說《歐朗諾科——皇族奴隸》，比迪福的《魯賓遜漂流記》早三十年出版，其實最配得上「第一部現代小說」的稱號，文學史卻常把這個美譽加在《魯賓遜漂流記》身上。

## 《歐朗諾科》

主角歐朗諾科是非洲國王的孫子，偷偷和愛人伊莫茵達結婚，爺爺一點都不贊同這樁婚事，他想自己迎娶這個美人，這時為了報復就把伊莫茵達當作奴隸賣到蘇利南。不幸之中的小幸運：歐朗諾科也被當作奴隸賣到蘇利南，他和伊莫茵達重逢，有希望恢復自由身。最後還是沒有成功，他於是策劃叛變，但整個行動完全失控，最後相愛的兩人都死去。

## 小道消息

《海盜》首演時，艾佛拉的朋友妮爾‧葛溫再次回歸舞台，扮演妓女安潔麗卡‧比安卡的角色。葛溫當時是倫敦知名的女演員，但是她主要以國王查理二世的情婦身分維生，當然是眾多情婦之一，卻是國王的最愛。妮爾‧葛溫辯才無礙又風趣——也因此被稱為「美麗機智妮爾」（Pretty Witty Nell）。

| 第一重力定律<br>（牛頓爵士） | | 薩勒姆女巫<br>審判 | 建構出<br>第一部鋼琴 | | 《馬太受難曲》<br>（巴哈） |
|---|---|---|---|---|---|
| 1686 | 1688<br>《歐朗諾科》<br>艾佛拉‧班恩 | 1692 | 1698 | 1719<br>《魯賓遜漂流記》<br>迪福 | 1727 |

# 蘇菲・拉羅雪 Sophie von La Roche

1730-1807 年，德國

《史騰海小姐的故事》，1771 年

蘇菲・拉羅雪是德國第一個職業女作家，經營一家重要的文學沙龍，成立女性雜誌社，是最初幾家之一，還不僅止於此。

蘇菲是奧格斯堡一個醫生之女，備受呵護地成長，雙親重視教育，而蘇菲有進取心和天賦。她對男性也不乏遐想，十七歲時就和一個義大利人訂婚，但是她的父親不喜歡。三年後她和堂兄訂婚（克里斯多夫・馬丁・威蘭，後來同樣功成名就！）——但是雙方的父親都不滿意。1753 年她於是和葛歐格・米夏埃爾・法蘭克・拉羅雪結婚，他在選侯宮廷內任職。不是出於愛情的婚姻，但是一切順利，他們有八個孩子，社會地位高，而且她還能一邊寫作。

她的丈夫在 1780 年被解職（因為他對選侯過度批判），蘇菲・拉羅雪就把嗜好變成職業。丈夫雖然尷尬，但是蘇菲堅守自己的立場。她成立婦女雜誌社，撰寫旅遊日記，在丈夫死後得以維持家計。

## 📖 《史騰海小姐的故事》

女主角蘇菲必須克服可怕的情況：最初她成為侯爵的情婦，之後不得不和一個英國領主假結婚（為了守護自己的品德），領主卻另娶他人，把蘇菲關起來，好讓她不會壞了自己的好事。在許多痛苦和悲傷之後，蘇菲終究找到真愛。

## 迴響

這部書信長篇小說（也是第一部由女性撰寫的德語長篇小說）是本暢銷書，最熱情的粉絲包括年輕的歌德，他在三年後同樣寫了一部書信小說（《少年維特的煩惱》），一舉聞名全歐洲。

## 小道消息

歌德不僅熱愛拉羅雪的文采，也很喜愛她的女兒瑪克希米里安娜，但是不管世道再怎麼寬鬆，讓一個詩人成為女婿並不恰當。瑪克希米里安娜必須嫁給商人彼得・安東・布倫塔諾，生了十二個（！）孩子，其中克雷門斯和貝蒂娜（婚後改姓阿寧，請見第 27 頁）兄妹成為浪漫時期的知名詩人。

# 特別精選
快速瀏覽女作家生平

## 范妮・伯尼
### Fanny Burney
1752-1840 年，英國

她的首部作品《伊芙琳娜》（1778）是第一部現代世俗規則小說。女主角是某個英國貴族不願意承認的女兒，在鄉下成長。偶然之下，她踏入倫敦社交界，犯了一些小錯誤，愛上一個領主——不合乎階級，也就是困難重重，但畢竟有好結局。

范妮・伯尼在二十五歲左右發表這部小說，匿名，而且沒有經過父親的許可——在當時根本荒唐。因為她對出版沒什麼概念，手稿只換得不成比例的酬勞。但這本書很成功，廣獲好評。她是原作者的消息走漏之後，她的父親深有所感，於是繼續支持他出名的女兒。范妮繼續寫作小說，也寫了喜劇，可惜並不成功，雖然她頗具嘲諷天賦。但是她並未因此動搖，得以藉著寫作養活家人。這在當時難以置信：她四十二歲才結婚，四十三歲產下一子。

## 奧蘭普・德古熱
### Olympe de Gouges
1748-1793 年，法國

就像十八世紀大多數的女性，瑪麗・古熱不識字，十七歲的時候就嫁給屠夫，看起來不像後來會成為知名革新人士和女作家的人。但事實的確如此：她丈夫在第一個孩子出生後不久死去，瑪麗搬到巴黎和姊姊同住，學會讀書、書寫和談話的藝術。她很美，受到讚嘆和敬畏。她以藝名奧蘭普・德古熱在劇作中批判社會悲慘情況，好比殖民地的奴隸制度（《扎莫爾和米爾扎》，1789）。她積極尋求男女平權，1791 年發表〈女性和女性公民權宣言〉＊。1793 年她被指控是「保皇黨」，被判死刑送上斷頭台。

---

＊她的這份宣言可說是歐洲推動女性投票權的基礎，但是在女性真正獲得投票權之前，時間經過百年以上：1906 年，芬蘭成為第一個承認女性投票權的歐洲國家。（在德國，女性直到 1919 年才有投票權。）

| | 美國獨立戰爭結束 | 法國大革命爆發 | 《女權辯護》（瑪莉・吳爾史東克拉芙特） |
|---|---|---|---|
| 1778 | 1783 | 1789 | 1792 |
| 《伊芙琳娜》范妮・伯尼 | | 《扎莫爾和米爾扎》奧蘭普・德古熱 | |

## 安·拉德克利夫
### Ann Radcliffe
1764-1823 年，英國

安·拉德克利夫結婚以後為了排遣時間才開始寫作，起初她試著寫愛情小說，但是她的突破要歸功於結合浪漫和恐怖情節：《森林浪漫史》（1791）是這類恐怖小說之一，從十八世紀中葉開始非常受歡迎。安·拉德克利夫成為這個文類的成功代表作家，她後來的長篇小說《烏多夫的祕密》（是珍·奧斯汀《諾桑覺寺》的範本）以及《義大利人》都非常流行。

## 卡洛琳娜·沃佐根
### Caroline von Wolzogen
1763-1847 年，德國

卡洛琳娜·沃佐根也匿名發表長篇小說《阿格妮絲·麗莉恩》。噢，不過當時也變成一道很有趣的謎題：名字後面的作者是誰呢？當然是個男人，大家都這麼想，雖然這是本年輕女孩的虛構自傳（愛上一個陌生人，在美好結局之前必須經歷許多困難）。大部分的人甚至猜測作者其實是歌德（他本人深感榮幸），席勒應該覺得很逗，因為他認識女作家本人：他讓卡洛琳娜·沃佐根在他創辦的月刊《荷萊》（*Die Horen*）以連載的形式發表長篇小說，而卡洛琳娜正是他妻子夏洛特的姊妹，甚至有可能是他的情人！大家常推測席勒身處三角關係之中（席勒－卡洛琳娜－夏洛特），但是並沒有證據。沒人知道席勒提供小姨子多少寫作上的協助，反正《阿格妮絲·麗莉恩》暢銷。卡洛琳娜（當謎底揭曉）相當出名，但是她寫的並不多，只有兩本小說，然後在 1830 年，在詩人席勒過世（1805）很久之後發表了他的傳記。那畢竟是她轟轟烈烈的愛情……

拿破崙
自封為皇帝

第一個
蒸汽火車頭

1794
《烏多夫的祕密》
安·拉德克利夫

1798
《阿格妮絲·麗莉恩》
卡洛琳娜·沃佐根

1804
《威廉·泰爾》
席勒

奧斯汀
譏嘲者

# 珍·奧斯汀 Jane Austen

1775-1817 年，英國

珍·奧斯汀是牧師之女，有六個兄弟和一個姊姊。在當時並不尋常的是：女兒們也能夠接受教育。珍在十二歲的時候就寫作短劇本和長篇小說。其中有幾部確實流傳下來，讓真正的奧斯汀粉絲也能享受女作家的少年之作。

——

> 只要發生令人不悅的事，一定是有男人在其中攪和。

年少的創作熱情之後，接著是一段相對長的停頓期。家族經過多次搬遷，最後珍和母親、姊姊住到弟弟愛德華位在查頓（Chawton）的鄉村別墅。她在此處修改舊手稿，並於短時間內發表了她所有著名的小說，《理性與感性》發表於 1811 年，當時珍·奧斯汀三十六歲，未婚，基本上可說就是個「老處女」，仰賴弟弟的金錢與善意維生。單身女性在兩百年前並沒有休息室，讓珍非常惱火，她也在小說中表達她的不悅。雖然她所有的女主角最後都找到命定的伴侶，但是一定都要在嘗試擺脫社會桎梏之後才會成功。

就當時的狀況而言，珍·奧斯汀相當前衛：沒有丈夫，有自己的職業，而且還那麼有批判性！她雖然匿名發表全部作品（作者都只標示「某位仕女所著」），但很快大家都知道是誰寫下這些暢銷小說。

珍·奧斯汀死時只有四十一歲——在短暫但沉重的疾病之後。

英國人直到今日依然十分推崇珍·奧斯汀，甚至將她和無人可及的莎士比亞相提並論。

## 小道消息

後世對奧斯汀的生平所知並不多，長期以來只有三幅畫像流傳下來：兩幅拙劣的畫像，由她的姊姊卡珊德拉所繪（其中一幅只有珍的背影，另一幅畫上的她看起來像個壞脾氣的處女）；另外則是頗有爭議的「萊斯像」\*，畫像呈現十三歲的奧斯汀。2011 年終於出現另一幅畫像，讓奧斯汀研究者喜心翻倒——因為畫中的奧斯汀看起來是那麼自信。

---

\*譯注：所有人為亨利·萊斯（Henry Royce），故名。

| 神聖羅馬帝國滅亡 | 第五、六號交響曲（貝多芬）　朗姆酒暴動（澳洲） | 第一個罐頭 |
|---|---|---|
| 1806 | 1808 | 1810 |

《浮士德第一部》
歌德

《傲慢與偏見》，1813 年

卡洛琳娜

她還可以，但沒有
美到足以吸引我。

看中

愛錢

兄妹

喬治·
威克漢

喬治安娜

查爾斯·
賓利

達西

費茲威廉·
達西 &
依莉莎白·
班奈特

兄妹

最好的朋友

可惡！

達西穿針引線，
讓莉狄亞和
威克漢結婚

結婚

珍　瑪莉　凱蒂　莉狄亞

班奈特家的女孩，
出清

班奈特太太

賓果！

班奈特先生

夏洛特

堂兄和
繼承人

嘻嘻嘻！

最好的女朋友

求婚

威廉斯先生

贊助

呃！

呃！

依莉莎白

凱瑟琳·德波夫人

想讓女兒安妮
嫁給達西

達西

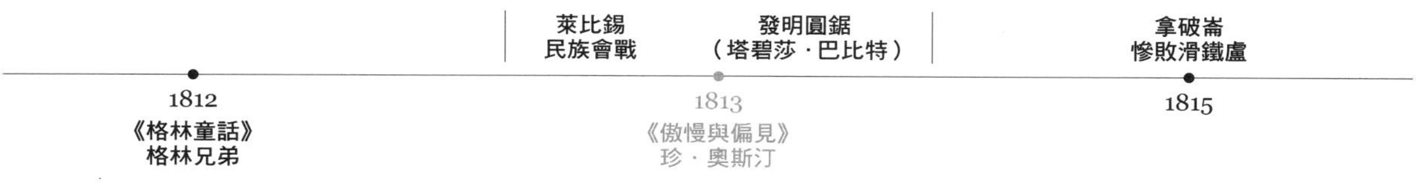

| | 萊比錫<br>民族會戰 | 發明圓鋸<br>（塔碧莎·巴比特） | | 拿破崙<br>慘敗滑鐵盧 |
|---|---|---|---|---|

1812
《格林童話》
格林兄弟

1813
《傲慢與偏見》
珍·奧斯汀

1815

## 作品

只要知道一部就知道全部作品。珍‧奧斯汀的幾本長篇小說情節很容易混淆，因為一律是年輕女性和婚姻問題：《理性與感性》（兩姊妹找適當的丈夫），《曼斯菲爾德莊園》（窮女孩本應和富人結婚，卻愛上堂哥），以及《艾瑪》（女主角為其他人找丈夫）。書中故事並不算變化多端，情節推進藉助角色的反諷呈現，以及對十九世紀初社會的譏刺觀察。珍‧奧斯汀的第二部長篇小說《傲慢與偏見》內容也是如此，這部小說乃是根據她 1797 年的一份手稿改編而成。

### 📖 《傲慢與偏見》

英國，十八世紀末，班奈特家族住在倫敦近郊。五個女兒之中的三個正尋找婚配，當然要盡可能找個好世家。新鄰居賓利先生正好年輕、富有、單身，而且他的朋友達西先生也被牽扯進來——達西同樣年輕、富有、單身，加上魅力無窮！

但是次女依莉莎白‧班奈特覺得達西相當高傲，後來達西居然還傷了她的自尊心，她就盡全力惹惱達西。基本上她比較喜歡一個軍官，這個軍官偏又和達西先生交惡，更印證了依莉莎白的偏見。達西雖然對依莉莎白的極度嚴謹家庭有偏見，卻還是愛上她，因為她聰明、美麗而且不落俗套。達西匆促卻不是很有技巧地向依莉莎白求婚，讓他的罪狀再添一樁，依莉莎白當然拒絕了。

之後班奈特家族有許多內在問題（女兒們、追求者、驕傲、偏見）。最後依莉莎白察覺自己愛上了達西，終究皆大歡喜（其他女兒也有好結局）。

## 名言

> 坐擁財富的單身漢最迫切需要的就是個妻子，這是眾所周知的事實。

家境優渥的查爾斯‧賓利搬到隔壁的時候，班奈特太太就是這麼說的。

### 大同小異

1. 整個求親往復的故事，英文叫做 marriage plot（婚姻情節），或是 courtship（求愛情節）。博朗特姊妹的小說也很喜歡加入這類情節（請見第 28 頁）。所謂 plot 指的是「情節」，但是也有著「設局」或「陰謀」的意思。*

2. 2013-2016 年，哈潑柯林斯出版社提出了「珍‧奧斯汀企劃」，由知名作家薇兒‧麥克德米、喬安娜‧特洛勒普或亞歷山大‧麥考‧史密斯將奧斯汀的六部小說情節轉換到現代，好比達西先生變成神經外科醫師，和女記者莉茲互相嘔氣，還納入原始人飲食法、瑜珈和約會秀等等。這個企劃的成果好壞互見。

---

* 2011 年，美國作家傑佛瑞‧尤金尼德斯出版長篇小說《結婚這場戲》，嘗試以他的作品將「婚姻情節」帶進二十一世紀。女主角大學主修英國文學（專注於珍‧奧斯汀的長篇小說），必須在兩個男性之間做出抉擇。

輕型軌道機動車
（跑步驅動兩輪車）

1817

1818
《科學怪人》
瑪麗‧雪萊

發明
點字

1825

# 瑪麗・雪萊 Mary Shelley

**1797-1851 年，英國**

《科學怪人》，1818 年

你……！

瑪麗生命中的男主角是詩人珀西・比希・雪萊，她在十六歲的時候認識詩人，思想自由的年輕人，一心創新、風趣、有魅力——而且已婚。但是雙方都認定這是一段轟轟烈烈的愛情，瑪麗和珀西私奔，兩人一起遊歷歐洲，他們回到英國的時候，發現瑪麗已經懷孕。她的父親不怎麼高興，根本就對這段不恰當的感情感到氣憤。珀西想安排三方當面解決，但是沒有成功。他的妻子試圖自殺，珀西和瑪麗結婚——但是並不真的快樂。他們負債累累，孩子們早夭，無怪乎瑪麗變得憂鬱。直到他們的兒子珀西・佛羅倫斯誕生才帶給她新的生命勇氣。但是三年之後，她的丈夫死於帆船事故，令人惋惜的，瑪麗在九年當中經歷了巨大的痛苦，以及無盡的不幸。從此以後她只專注於寫作。

### 📖《科學怪人》

瑪麗・雪萊年方二十就寫下長篇小說《科學怪人》。故事描述野心勃勃的科學家維克多・法蘭克斯坦，他想讓人造的人獲得生命。可惜配方不怎麼有效，結果太恐怖，維克多驚慌逃出實驗室。當他返回實驗室，他的造物已經逃脫。

後來得知這個「怪人」躲了起來，學會識字和說話，然後開始尋找他的創造者：維克多應該為他創造一個女伴，要同樣醜陋，令人生畏。維克多自覺虧欠，於是著手進行。但是後來他擔心會創造出新的怪物人種，於是摧毀女性造物。這可怕的生物出於憤怒，先謀殺了維克的朋友亨利，然後是他的妻子依莉莎白。

不能這樣發展下去，維克多必須殺死他的造物。他追殺這個造物直到北極，拼著最後一絲力氣，他在那裡被一艘拓荒船救起，在他斷氣之前趕快對船長說出他的悲慘故事。那個造物最後找到維克多的時候，出於哀傷也自殺而亡。

發明
裁縫機

1826
《最後的莫西干人》
庫柏

1829

1831
《鐘樓怪人》
雨果

# 文學的類型

再說一次什麼是……？

許多文字無法百分之百的歸類，連分類成詩歌、戲劇或敘述詩都不可能。

德文當中的文學總稱為「詩」或「詩藝」，這兩個名詞也讓人混淆，因為會立刻讓人聯想到「詩作」，然而「詩」卻是所有文學作品的總稱。

## 詩 / 詩藝

### 詩歌 Lyrik

原則上指稱所有種類的詩作。早期比較清楚：詩歌必須押韻，要有一定數的詩行或詩節。現代詩經常放棄以上兩個條件——不過詩歌一律和印象、感覺及意向有關。詩歌類型包括頌歌、十四行詩或敘事詩＊等等。

### 戲劇 Dramatik

原則上泛指所有劇作，這是最容易歸類的一種。細節上有些不同，不過，其實故事情節由對話表現的就是戲劇。戲劇種類包括悲劇或喜劇等等。

### 長篇小說 Roman/Novel ＊＊

原文是來自古法文 Romanz，意為以羅馬平民語言寫作的敘述文（而不是如過往一般以拉丁文書寫）。就今日的用詞而言，長篇小說是種虛構的（想像出來的）、廣泛的敘述文字。其下分為許多形態，例如歷史長篇小說、犯罪長篇小說、冒險長篇小說、家庭長篇小說、愛情長篇小說等。

### 記述小說 Erzählung/Narrative

比長篇小說簡短的敘述體裁，基本上情節比較不複雜，長篇小說有不同的敘述層面及時間層面，記述小說相反的一律依時間先後敘述，而且只有一個敘述觀點。

＊歌德認為敘事詩是詩作的根源，因為它集文學的三大分類詩歌、敘事文學和戲劇於一身。但是目前一般將敘事詩歸類於詩歌。

## 敘述文學 Epik

原則上泛指所有敘述文字。敘述文學又被分為以詩或散文寫作。以詩的形態寫下的敘述文學，例如荷馬的《伊利亞德》，是一部「英雄史詩」。

散文（拉丁文 prosa oratio 意為直接說出的語句）指的是所有沒有詩行的文章——也包括書信或使用說明書（當然不算是敘事詩）。就文學來說，敘述文學常見的分類如長篇小說等都屬於散文。

### 事件小說 Novelle/Novella

短至中長篇幅的記述小說。原文來自義大利文的 Novella，意為新奇之事——事件小說的故事通常敘述單一重要事件，以及該事件對主角的影響。事件小說因此總是呈現單一主要角色的情緒變化。這種體裁是由喬凡尼・薄伽丘「發明」的（1353 年發表的《十日談》），傑弗里・喬叟的《坎特伯里故事集》也很出名（1391-1399 年間發表）。德國的事件小說主要集中在十九世紀（施篤姆、馮塔納），但之後也有許多作家以此體裁寫作，如湯瑪斯・曼、馬丁・瓦瑟、鈞特・葛拉斯以及齊格飛・藍茨等。

### 短篇小說 Kurzgeschichte/Short Story

短篇的故事，但是和記述小說有所不同，起初被稱為 Short Story，因為它源自於十九世紀英語系地區。短篇小說的第一位大師是愛德嘉・愛倫・坡，之後是史考特・費茲傑羅，當然還有厄尼斯特・海明威。

德語地區較常出現的是事件小說——直到 1945 年，當時的作家想表達的是：不要再那麼情緒化／病態／滿載意識形態，寧可實事求是地精簡（波歇爾特、波爾）。因為短篇小說是十分精簡而壓縮的文字，很快就直接觸及到核心，經常有個開放式的結尾，中間的情節並不多，人物和發生地點也不多，卻有許多許多詮釋空間！因此學生們才要一直讀短篇故事……

＊＊譯注：由於這樣的文學體裁分類源自西方，中文並無十分對等的概念名詞。以文章篇幅分類其實並不適當，但是為了至少能分辨 Roman 和 Short Story，姑且稱之為長篇小說和短篇小說。應注意各種形式的不同敘述結構，方能掌握各種形式的異同。長篇小說的敘事線複雜，除了主線之外，還有諸多副線發展，主、副線相互襯托輝映，結合成一完整故事，可比大樹有主幹、枝枒。其餘三種的敘述結構就比較簡單，主線發展為主，偶有副線只為補充、烘托主線故事發展。短篇小說是結構最精簡的一種，故事情節（時間、空間）集中。

# 特別精選
快速瀏覽女作家生平

## 喬治・桑
### George Sand
#### 1804-1876 年，法國

喬治・桑，不是和馬約卡島還有蕭邦有關的那個嗎？正確，她和作曲家蕭邦相約在馬約卡度過冬天，並且因此寫了一本《馬約卡的冬天》。蕭邦是她眾多情人之一（包括男性和女性情人），喬治・桑總是醜聞不斷。

她的原名是阿芒蒂娜・奧蘿爾・露西爾・杜龐・佛蘭奎（Amantine Aurore Lucile Dupin de Francueil），年輕的時候就對女性無法在社會中自由活動感到憤怒。後來她穿上男性服裝，以便不受干擾地在巴黎散步，一邊還抽著雪茄。不久後她結婚，生了兩個孩子（第二個可能非婚生），離婚，激情地戀愛——還有寫作。她的第一部長篇小說《印第安納》（1832）就成功，她以筆名喬治・桑總共寫下 180 本書。她的主題都是女性擺脫佔有欲強盛的男性，此外鼓吹女性有獲得性滿足的權利——這在當時可是大醜聞。但是喬治・桑不在意其他人的看法，而且她有足夠的朋友和愛慕者：巴爾札克、李斯特、大仲馬、德拉克洛瓦、福樓拜、海涅和杜斯妥也夫斯基等人都是。

## 胡安娜・曼努埃拉・戈里蒂
### Juana Manuela Gorriti
#### 1816-1892 年，阿根廷

喬治・桑的崇拜者——正如她的偶像，胡安娜・曼努埃拉・戈里蒂也以男裝踏上旅程。她十六歲時和一名軍官\*結婚，生了兩個孩子，開設一間學校，成功創立文學沙龍。最後她和丈夫離婚，出走到利馬，過著無拘無束的生活——醜聞哪！她在那裡又生了兩個非婚生子女。她長時間住在祕魯及阿根廷，兩個國家因此都認為她是自己的民族詩人。胡安娜・曼努埃拉・戈里蒂主要寫作記述小說，浪漫遐想，很快就聞名全南美洲，她的文章刊登在各種雜誌上。超乎尋常的是她也寫了一本食譜《電氣廚房》（1890），收錄了兩百道菜的食譜，是她的旅途蒐集。

---

\*這個軍官（曼努埃爾・伊西多羅・貝爾蘇〔Manuel Isidoro Belzu〕）幾年之後發動政變，推翻原來的總統（貝爾蘇是他手下的部長），成為獨裁者，並且宣布自己是玻利維亞的總統。

## 安內特‧德羅絲特－胡厄絲霍夫
### Annette von Droste-Hülshoff
#### 1797-1848 年，德國

事件小說《猶太人的山毛櫸》（許多德國學生的必讀文本）的作者，人像被印在西德二十馬克紙鈔上。她其實長得俏麗，卻不知怎地總嚇跑男人：太自覺，太聰明。她的母親雖然鼓勵她寫作，其他人卻未曾認真看待。安內特是個孤單的未婚女子，照顧親戚，需要她的時候就會出現。直到事件小說《猶太人的山毛櫸》（1842）發表，評論家才仔細傾聽：德羅絲特寫下的故事宛如一部犯罪小說，敘述一個飽受忽視的年輕人被懷疑犯下謀殺案，最後上吊自盡。

她的下一部作品是詩集，更受矚目（其中包括知名的敘事詩〈沼澤地的少年〉），安內特越來越成功。她到波登湖畔梅爾斯堡和姊姊與姊夫一起住，這時戀愛了！愛上小十七歲的列文‧舒金，她的教子，他在城堡裡負責整理圖書。兩人心意相通，列文激發德羅絲特的靈感，但是除了心靈契合之外，對她並沒有更多情愫。列文離開城堡之後不久就結婚，安內特心情不佳。她餘生孤單一人，病懨懨的，五十一歲就死於肺炎。

## 貝蒂娜‧阿寧
### Bettina von Arnim
#### 1785-1859 年，德國

哎呀，歌德覺得她可卑鄙了。這個曾經讓他著迷的年輕女性，確實曾說過他（有些豐滿的）情人克莉絲汀安娜是「豬血香腸」！貝蒂娜‧布倫塔諾是個小搗蛋，充滿生命力和能量，二十出頭就愛上歌德，歌德卻曾追求過她的母親瑪克希米里安娜。這段感情維持崇拜之情，貝蒂娜最後嫁給阿辛‧阿寧，對方是她兄長克雷門斯的朋友，過著傳統的人妻、人母生活。她生了七個孩子，她的藝術家天分暫時止息。直到丈夫於 1831 年早逝，她才成為女作家，同時積極參與政治。她主要寫作書信小說，好比《這本書屬於國王》（1843），她虛構歌德的母親和普魯士國王母親之間的書信往來，批判各種惡劣狀態。

第一所幼兒園
（佛洛柏）
卡爾‧馬克思
結識恩格斯
初次釀造出
皮爾斯啤酒
第一段電腦程式
（勒芙蕾絲）

1840 — 1842 — 1843

《夢與回憶》
胡安娜‧曼努埃拉‧戈里蒂
《猶太人的山毛櫸》
安內特‧德羅絲特－胡厄絲霍夫
《這本書屬於國王》
貝蒂娜‧阿寧

Charlott**E**
*JANE EYR*
《簡愛》

**E**mily
*STUR* M *HÖHE*
《咆哮山莊》

**A**nne
*GNES GREY*
《阿格尼斯‧格雷》

← 記憶術：
誰寫了哪
部作品？

# 博朗特姊妹 The Brontë-Sisters
英國

愛爾蘭牧師派翠克‧博朗特一家似乎終於有所起色：1820年他接任哈沃斯的職位，哈沃斯是位在約克夏的一個紡織村落。但是不久之後，他的妻子瑪莉亞過世；四年之後，比較年長的兩個女兒也去世。只剩下夏洛蒂、愛蜜麗、安妮和弟弟布朗威爾。布朗威爾九歲生日的時候，父親送他十二個木雕士兵。沒什麼大不了的？才怪。布朗威爾很興奮，立刻和姊妹們為這些木雕人物想出一個虛幻世界，四姐弟在只有5×7公分大的小書裡寫下阿格里亞王國和鞏達爾島（由一個女性統治）的故事，還畫上風景、地圖和建築大概。最後誕生了一百本這樣的小書，在很久之後被統稱為「博朗特少時之作」（Brontë-Juvenilia），拍賣屢創高價。

三姊妹依照父親的期望都成為女教師（而且痛恨這個職業），派翠克預定讓獨子成為人像畫家，但是最後不了了之，布朗威爾獲得家庭教師的職位，卻愛上雇主的妻子，然後

被解僱。他的生活一直不穩定，而且無法戒除毒癮，尤其是他的酒癮非常嚴重，使他三十一歲就逝世，和他的姊姊愛蜜麗同一年死去。

在這一年之前，愛蜜麗發表了首部（也是唯一一部）長篇小說——她的姊妹們也在同年發表作品。三個人在1846年就曾一起發表詩集，但是賣得並不好。三姊妹以男性筆名寫作：科勒‧貝爾＝夏洛蒂，埃里斯‧貝爾＝愛蜜麗，艾克頓‧貝爾＝安妮。由於總是有不認識的男性收件人信件寄到家裡，她們的父親感到相當驚訝，只好讓父親知道這個祕密。

《簡愛》變成暢銷書的時候，夏洛蒂坦承自己就是作者，得以享受她的盛名。她寫了其他長篇小說，後來結婚，不久之後去世，享年僅三十八。安妮和愛蜜麗早在這之前已經去世，派翠克‧博朗特相反地卻活到八十四歲，比整個家族的人都長壽。

什列斯威織工
起義

1844

1844-46
《基度山恩仇記》
大仲馬

大飢荒
（愛爾蘭）

1845

# 夏洛蒂 · 博朗特 Charlotte Brontë

1816-1855 年，英國

## 作品

夏洛蒂·博朗特在世時發表了三部長篇小說：《簡愛》、《雪莉》和《維萊特》，另一部《教授》則在她死後問世。在她短暫的創作生涯之中，夏洛蒂是個出名的女性。她死後兩年甚至出現一本傳記，是由她的朋友依莉莎白·蓋斯凱爾所撰（她也是個女作家），委託人是派翠克·博朗特。夏洛蒂的第一部長篇小說就很暢銷——《簡愛》是最成功的博朗特作品。

## 📖 《簡愛》

孤女簡愛在可怕的親戚家長大，必須住進可怕的寄宿學校，最後接下桑菲爾德莊園的家庭女教師職位。她在莊園負責教育羅切斯特先生的私生女——而且很快愛上雇主，對方卻早已訂婚。這情況對簡愛造成壓力，於是想要離開桑菲爾德莊園。喔，不！羅切斯特著慌，訂婚一事不過是他的杜撰，為的是讓簡愛吃醋，他真心愛的只有簡愛，於是向她求婚。簡愛同意，卻在結婚聖壇前才得知，羅切斯特先生已婚（什麼！），而且是和發瘋的貝爾塔·梅森，梅森一直都被他關在房子裡（哇！）。

簡愛震驚之下逃走，成為聖約翰河牧師牧區裡的小村教師，牧師想和她一起到印度傳教——當然是先結婚再上路。不！簡愛還愛著羅切斯特，急忙趕回桑菲爾德莊園。

再次震驚：莊園已經變成廢墟。貝爾塔死於火災（真省事！），羅切斯特雙眼失明，因為他試著把妻子從火場救出（道德行為＋懲罰＝重建聲譽）。簡愛照顧他，和他結婚，還生了個孩子——最後羅切斯特甚至重見光明！

## 名言

> 我不是飛鳥，沒有任何網子能捉住我。
> 我是自由人，擁有自己的意志。

簡愛計畫離開羅切斯特的時候是這麼對他說的——就在假訂婚的事情敗露之前。這幾句箴言依然很受歡迎——被刻在手環或是鏈墜上。

## 真尷尬！

夏洛蒂把小說第二版獻給她所欽佩的威廉·薩克萊，讓這位知名作家非常不自在，他擔心會有人連想到他個人的情況：他的妻子就像貝爾塔·梅森——精神失常，他的女兒們由幾個女教師照看。很快就傳出是這些女教師之一寫下這部小說的謠言。

## 迴響

人們其實感到有些錯愕，在這部小說當中，夏洛蒂那麼開放地處理和呈現愛情與婚姻的問題，以及女性在維多利亞時期的英國過得有多糟。滿懷責任感其實卻脆弱的這個博朗特，從發表這本書以來就被視為革命家。

| 首次<br>施行麻醉 | 改變拼法：<br>拜昂取代拜爾 | | 阿爾及利亞<br>成為法國一省 |
|---|---|---|---|
| | **1846** | | **1847** |
| | 《瑪麗亞·瑪格達蓮娜》<br>黑柏爾 | | 《簡愛》<br>夏洛蒂·博朗特 |

# 愛蜜麗 · 博朗特 Emily Brontë

**1818-1848 年，英國**

## 作品

博朗特中間的女孩愛蜜麗是家裡的自由靈魂：野性、固執、擺脫傳統。她喜歡跑著穿越沼澤，不太在意其他人說什麼。她的文學作品一目了然：有幾首詩，以及唯一的一部長篇小說，和她姊姊夏洛蒂的處女作在同一年發表。《咆哮山莊》讓愛蜜麗·博朗特在世時就成名——部分原因在於，維多利亞時期的文學首次出現由「壞人」當主角的作品。

## 📖《咆哮山莊》

英國約克夏一個荒涼地區：恩肖家族（住在咆哮山莊）和林頓家族（住在畫眉山莊）世代在此生活。在三代之間，兩個家族間有許多恩怨糾葛，所有相關人士的名字相似使之更加複雜。

一切都從恩肖先生收養了六歲的希斯克里夫開始。希斯克里夫和心愛的凱西被兄長辛德利欺壓。辛德利變本加厲，凱西於是為了逃避他而和愛德嘉·林頓結婚，使希斯克里夫大受打擊而離開咆哮山莊。希斯克里夫再度返回山莊的時候，變成一個有魅力又富有的男人，卻滿懷怨氣：他心愛的凱西懷孕了，無法被征服。

接下來的情節跌宕起伏：希斯克里夫和愛德嘉的妹妹結婚，不斷虐待她；凱西生下女兒凱瑟琳卻痛苦死去。希斯克里夫把咆哮山莊騙到手，生了一個兒子（名叫林頓），強迫兒子和凱瑟琳結婚。兒子林頓死後，希斯克里夫也無恥地繼承了畫眉山莊，不僅如此，他還奪走（其實同樣無恥的）妻舅的兒子哈瑞頓。

然而最後一切都算有個好結局：哈瑞頓和凱瑟琳相愛，希斯克里夫生病死去。（中間還出現鬼魂的情節，大部分的文學批評家都不怎麼欣賞。）

## 名言

> 不管我們的靈魂是用什麼做的，他的和我的其實是一樣的。

凱西對管家內麗（凱西的親信，也是情節的主要敘述者）坦承她對希斯克利夫的愛，但是同時說明自己為何不嫁給他，而要和林頓結婚。奇怪的是，這段話如今成為受歡迎的婚禮箴言。

## 迴響

大師之作，經典，還是過譽的通俗劇？批評家直到今日仍莫衷一是。當時的讀者反應卻相當排斥：討人厭的主角，太灰暗，太激情，整體而言很不道德。但愛蜜麗對這些評語不屑一顧，她本來就對名聲不感興趣，只為了娛樂自己而寫作。

至於不道德，如今人們早已習慣更惡劣的情事——批評家多挑剔她的媚俗和神祕主義傾向。

摩門教徒
建立鹽湖城

1847

《咆哮山莊》
愛蜜麗·博朗特

《阿格尼斯·格雷》
安妮·博朗特

# 安妮・博朗特 Anne Brontë

1820-1849 年，英國

《阿格尼斯・格雷》，1847 年

## 作品

安妮是三姊妹當中最年輕、細膩以及溫和的一個。十九歲的時候第一次擔任女家教的工作，整理她的經驗後寫在她第一部長篇小說《阿格尼斯・格雷》裡。半年後，她的第二部長篇小說《荒野莊園的房客》就問世，又過了一年，安妮死於肺結核，年僅二十九。

## 📖 《阿格尼斯・格雷》

節省，節省，再節省：雙親的債務壓在年輕的阿格尼斯身上，她接下家庭教師的工作，好讓自己賺點錢。起初並不順利，阿格尼斯管不住叛逆的孩子，最後被辭退。下一家的情況比較好，雖然慕瑞家的女兒也有缺點，偶爾讓阿格尼斯不好過。長女羅莎麗和新來的牧師愛德華・衛斯頓眉來眼去，阿格尼斯卻也愛上牧師。羅莎麗其實早已和領主阿旭比訂婚——噴！

阿格尼斯的父親過世，她回到家，和母親一起開辦學校。羅莎麗來信抱怨，述說自己和忌妒心重的領主婚姻有多糟糕，阿格尼斯拜訪這不快樂的女孩，得知衛斯頓牧師已經離開當地。返家之後，阿格尼斯出門散步，遇到——大驚喜！衛斯頓先生目前就在附近工作。好結局：他們結婚，生了三個孩子。

## 小道消息

十九世紀，在英國誕生了一種特殊的文學種類：「維多利亞女家教小說」（Gouvernantenroman）。主題：出身不低的女性卻迫於無奈而工作，女家教可說是當時年輕女性的唯一體面工作，但是並不輕鬆：她們算下人，經常遭受惡劣對待。「女家教小說」就是要指出這個問題，讓女性獲得尊重。

這個文類最著名的作品當然是《簡愛》，緊接在後的是《阿格尼斯・格雷》，這兩部正好也是如今還有讀者的「女家教小說」。

| 共產主義宣言（馬克思／恩格斯） | 德意志革命 | 加州淘金熱 | 安全別針及毒氣面罩發明 |

1848
《荒野莊園的房客》
安妮・博朗特

1849
《塊肉餘生記》
狄更斯

# 伊莉莎白·巴雷特·白朗寧 Elizabeth Barrett Browning

1806-1861 年，英國

瞬間，我正沉淪，愛將我托起，全新的旋律響起，和我一起進入生命。

啊，伊莉莎白·巴雷特和羅伯特·白朗寧之間的愛情故事多麼美！她已經三十九歲，體弱多病，脊椎受傷，肺病——伊莉莎白年少的時候就被家人當作殘障人士一般照料。她必須服用止痛藥、鴉片和嗎啡等等，長遠看來完全摧毀她的健康（卻可能因此促發她的文學幻想）。她的私生活相當無望，但是她的詩作卻有所成就，1826年首次發表就一直很成功。她的讚嘆者之一是羅伯特·白朗寧，比她年輕六歲，本人也是個知名的詩人。他到病榻旁探望她，於是發生了不可置信的事：兩人相愛了！他們結婚了！當然祕而不宣，因為依莉莎白的父親不贊成這樁婚事，當他聽聞結婚之事就剝奪她的繼承權。婚禮之後，兩人搬遷到佛羅倫斯，那裡對依莉莎白的健康比較有益。

在兩次流產之後，她在四十三歲生下一個兒子。白朗寧一家在義大利是藝術家圈子的一份子，幸福而且創作力噴發。

尤其是《葡語十四行詩集》（1850）和詩行小說《奧蘿拉·莉》（1857）使伊莉莎白·巴雷特·白朗寧成為維多利亞時期最著名的女詩人。

**敢愛的人也相信不可能的事。**

## 📖 《葡語十四行詩集》

伊莉莎白受到羅伯特·白朗寧追求之時寫下這 44 首十四行詩，本來不想發表：太笨拙，太私人，太情緒化，就連羅伯特也是在婚禮之後才看到這些詩作。他深受震撼，把這些作品和莎士比亞的十四行詩相提並論，並且敦促她發表。為了不讓維多利亞時期苛刻的人們生出什麼愚蠢想法，她就佯稱這是翻譯作品，為情詩加上「葡語十四行詩集」的標題。這些十四行詩一下子就受到歡迎，直到今天都還可以在英文教科書上讀到。在德國比較沒那麼出名，雖然萊納·瑪利亞·里爾克的翻譯絕佳：

> 我有多愛你？請聽我訴說。
> 我對你的愛那麼深，那麼高，那麼廣，
> 遠超過我的盲目心靈所及，一旦觸及你
> 的存在，即是永恆。

### 小道消息

1850 年，威廉·華茲華斯死後，伊莉莎白·巴雷特·白朗寧甚至成為桂冠詩人頭銜候選人之一。不過最後是由阿佛烈·丁尼生繼承這個稱號。直到 2009 年才首次有女性獲得這個榮耀：卡蘿·安·杜菲。

| | 第一座郵箱（倫敦） | | 開罐器發明（罐頭發明後 45 年） |
|---|---|---|---|
| 1850 | 1851 | 1852 | 1855 |
| 《葡語十四行詩集》 | 《白鯨記》 | 《湯姆叔叔的小屋》 | 《北與南》 |
| 伊莉莎白·巴雷特·白朗寧 | 梅爾維爾 | 哈麗葉·比切·斯托 | 伊莉莎白·蓋斯凱爾 |

# 哈麗葉・比切・斯托 Harriet Beecher Stowe

1811-1896 年，美國

她的雙親認為她應該當個教師，哈麗葉卻寧可寫作，但是對年輕女性而言，寫作可不是個職業。她二十四歲嫁給鰥夫卡文・斯托的時候，雖然有個人支持她寫作的期望，但是……何時呢？怎麼做呢？他們在十四年內生了七個孩子，沒什麼錢，很多工作，沒有自己的房間，隨時都吵吵鬧鬧，這些可不是什麼好的先決條件。即使如此，哈麗葉仍持續寫作，主要為雜誌撰文，而且一再提起奴隸這個課題。

——

女性應該運用上帝與大自然賜予的所有天賦。

1850 年，美國國會通過了「奴隸脫逃法」（逃到北方的奴隸必須被驅離），反奴隸主張者大為憤怒。哈麗葉的姻親寫信給她：「哈提！要是我像妳這般擅長筆墨，我一定會寫些什麼，讓整個國家意識到奴隸制度是多麼可恥的事。」

於是哈麗葉開始寫作《湯姆叔叔的小屋》，當作某家報社的連載小說。讀者看得趣味盎然，作者卻沒賺到什麼錢。但是後來故事集結成書出版——咻！哈麗葉・比切・斯托有錢又有名：第一年就售出三十五萬本，小說被譯成四十種語言出版。哈麗葉被邀請到歐洲，到處都受到歡迎——除了在美國南方各州。他們一家搬到新英格蘭的大房子裡（就在馬克・吐溫隔壁），哈麗葉繼續寫了一些書，當時同樣很成功，但是今日幾乎無人知曉。她依然是重要的發聲者，為女性投票權奮鬥，也致力於讓女性能進入各行各業。

## 📖 《湯姆叔叔的小屋》

肯塔基州一個農場，1840 年前後，亞瑟・薛爾比需要用錢，只得出售他忠誠的奴隸湯姆。湯姆起初被賣給紐奧良善心的奧古斯汀・聖・克雷爾，他想讓湯姆自由。但是聖・克雷爾不期然死亡，他的妻子出售了所有奴隸，新的主人殘暴地虐待他們。湯姆協助一個女奴隸逃亡，結果他被打倒在地。悲劇：就在亞瑟・薛爾比的兒子前來為湯姆叔叔贖身之時，老湯姆正好傷重不治死亡。

### 迴響

最初的歡呼之後，開始出現批評的聲音：湯姆叔叔感覺太卑躬屈膝，整部小說過度一言以蔽之。即使如此，這部小說還是反抗奴隸制的重要作品，絕對是世界文學的一部分。

### 小道消息

據說林肯曾於 1862 年對哈麗葉・比切・斯托說：「原來妳就是那個寫了書，開啟這場偉大戰爭的小女人！」

| 發現<br>尼安德塔人 | | 信號彈發明<br>（瑪爾莎・寇斯東） | 《物種起源論》<br>（達爾文） |
|---|---|---|---|
| | 1856 | | 1859 |
| 《奧蘿拉・莉》<br>伊莉莎白・巴雷特・白朗寧 | 《包法利夫人》<br>福樓拜 | 《雙城記》<br>狄更斯 | |

# 共同的朋友

維多利亞時期的糾葛

摯友

（柯林斯的兄弟娶了狄更斯的女兒）

在他發行的雜誌《家喻戶曉》（*Household Words*）上刊登蓋斯凱爾的《北與南》

撰寫《夏洛蒂‧博朗特傳》

競爭對手

威爾基‧柯林斯

查爾斯‧狄更斯

伊莉莎白‧蓋斯凱爾

結識並讚賞薩克萊

H.W.

出人意表

維多利亞女王讓人繪製艾略特書中場景

Cornhill

威廉‧梅克比斯‧薩克萊

同齡者

維多利亞女王*

許多作者在《康希爾雜誌》發表作品，薩克萊是編輯

狄金生有伊莉莎白‧巴雷特‧白朗寧和艾略特的畫像，並且掛在家裡

吳爾芙父親的第一任妻子是薩克萊的女兒

愛蜜莉‧狄金生

湯瑪士‧哈代

維吉尼亞‧吳爾芙

佛來喜

摯友

羅伯特‧白朗寧

寫了一本有關伊莉莎白‧巴雷特‧白朗寧的狗的書：《佛來喜傳記》

博朗特姊妹

夏洛蒂

安妮

愛蜜麗

他的詩作〈馬米翁〉
出現在安妮·博朗特的小說
《荒野莊園的房客》中

瓦特·司各特爵士

受到影響

朋友

大粉絲

對《拜倫女士傳記》感到憤怒
（斯托將之描述為亂倫）

領主拜倫

瑪麗和
珀西·雪萊

拜倫和瑪麗的姻親姊妹傳出緋聞＝
孩子

撰寫拜倫
女士的傳記

美國
公民

每次閱讀《驕傲與偏見》，
我都想挖出她的屍體，
用她的脛骨敲她的頭骨。

哈麗葉·
比切·斯托

馬克·吐溫

珍·奧斯汀

比切在康乃狄克州的鄰居
是年長二十四歲的馬克·吐溫

維多利亞女王統治期間（1837-1901）是不列顛帝國的巔峰：帝國統治四分之一個世界。女性首度爭取自己的權利，卻必須
頑固的社會抗爭。女王定調：隨時保持乖巧，必須維持秩序。直到維多利亞女王去世十八年後，女性才首次獲得投票權。

# 露意莎・梅・奧爾科特 Louisa May Alcott

**1832-1888 年，美國**

露意莎・梅・奧爾科特還是個少女的時候，就已經擁有明確目標：她想要變得富有，而且想寫作。因為她出身貧困：她的雙親既聰明又受過教育，思想開放，但對金錢不屑一顧。露意莎和三個姊妹因此得以接受梭羅、愛默生和雙親其他傑出朋友的授課。

———

女性長期以來被稱為女王，但是交付到她們手上的王國根本不值得統治。

成為作家之前，露意莎做過教師、管家、家教、演員、裁縫，還在美國內戰中擔任護士。* 她把親身經歷寫成《醫院浮世繪》（1863），是非常受到讀者歡迎的記述小說。

她變得富裕又出名是在三十五歲左右，她的少女小說《小婦人》（德文書名則變成毫無意義的《貝蒂和姊妹們》）出版，並且成為暢銷書，續集《好妻子》和其他後續作品也很受歡迎。

即使以不具威脅性的少年小說而功成名就，露意莎・梅・奧爾科特的政治主張非常鮮明：她積極為女性權利奔走，發表演說，為女性投票權收集支持簽名。她未曾結婚，她的收入足以餵飽家人——這也算是種宣言。

## 📖《小婦人》

她的出版人有個點子，覺得露意莎・梅・奧爾科特大可寫一本少女小說。於是她就整理了自己童年和三姊妹的故事，寫成部分自傳性質的長篇小說。女主角是梅格（理性）、喬（革命精神＝作者的另一個自我）、貝絲（溫柔）和艾美（家族寵兒）。父親參加內戰，母親在他背後支撐家庭。四個姊妹表演自行想出的戲劇，爭吵也互諒，划船野餐，參加跳舞茶會，穿著府綢衣服，甚至結識男性。但也有些悲傷（貝蒂死於猩紅熱），最後還是有個好結局，因為就連孩子氣的喬都找到真愛，和丈夫為孤兒開設一所學校，生了兩個兒子。

## 今日呢？

不必然是今日青少年的讀物，但是不同於艾米・羅登二十年後發表的長篇小說《桀驚不馴》（難以置信地無趣），《小婦人》非常風趣，而且可以發現，作者確實想要做些什麼，好對抗十九世紀的狹隘思想。

———

\* 她在擔任護士期間感染斑疹傷寒，當時用汞來治療。從此以後，她就承受因此造成的中毒現象，五十五歲就去世。

| 1860 | 南丁格爾護理學校成立 | 美國南方各州建立美利堅合眾國 | 美國內戰 |
|---|---|---|---|
| | 1860 | 1861 | 1861-65 |
| | 《白衣女郎》威爾基・柯林斯 | 《織工馬南》喬治・艾略特 | |

# 喬治‧艾略特 George Eliot

1819-1888 年，英國

《米德鎮的春天》，1871 年

維多利亞時期倫敦的不倫婚姻？醜聞！但是瑪麗安‧伊凡斯（Marian Evans）毫不在乎。父親去世後，她在倫敦找了個房間，為雜誌社撰稿，傳出緋聞，愛上一個已婚的男人：喬治‧亨利‧路易斯是個作家、哲學家，對這個勇敢而且聰明到不可置信的女性非常著迷。他其實早已和妻子阿格尼絲分居，但是離婚在當時難以想像。於是他和瑪麗安沒有結婚就一起生活，卻使得他們被排除在社會之外。雖然瑪麗安以筆名喬治‧艾略特成功寫作小說，人們還是不諒解他們的「出軌生活」。喬治和瑪麗安自稱的路易斯先生和太太不被社會承認，但是他們過得幸福。他們常旅行，在其他國家，人們對他們的同居關係基本上比較寬容。直到瑪麗安的聲名越來越大，才在英國受到認可。

## 作品

喬治‧艾略特在短時間內寫作了四本重要的長篇小說：《教區生活》（1858）、《亞當‧畢德》（1859）、《河畔磨坊》（1860）和《織工馬南》（1861），每一本都非常成功。歷史小說《羅莫拉》（1862-63）以連續小說形式發表，但並不成功；之後的《米德鎮的春天》（1871）又賣得很好。

## 📖 《米德鎮的春天》

維多利亞女王時期的愛情與男女關係：在米德鎮，一個虛構的英國小城，朵羅西亞‧布魯克和老學究的婚姻讓她深感無趣。丈夫死後，她利用機會嫁給她真愛的男人。還有個年輕的博士萊蓋特，以及他漂亮的妻子羅莎蒙德，對丈夫其實沒什麼興趣，只重視社會地位（結果一點都不好，萊蓋特死去，羅莎蒙德嫁給有錢人）。此外，朵羅西的兄弟佛列德也參一角，幾經波折之後迎娶青梅竹馬的瑪麗。

## 迴響

維吉尼亞‧吳爾芙評論《米德鎮的春天》說：「這是少數為成年人所寫的英文小說。」當然是維多利亞時期最重要的小說之一，對許多人而言，甚至是英國小說當中最重要的一部。

---

| | | | |
|---|---|---|---|
| 德國首間商業學院女校（慕尼黑） | 美國廢除奴隸制 | 林肯被暗殺 | 德國刑法第 218 條禁止墮胎 |
| **1862** | **1865** | **1868** | **1871** |
| 《精靈市集》克里斯蒂娜‧羅塞蒂 | 《悲慘世界》雨果 | 《愛麗絲漫遊奇境》卡洛爾 | 《小婦人》露意莎‧梅‧奧爾科特 | 《米德鎮的春天》喬治‧艾略特 |

# 特別精選
快速瀏覽女作家生平

## 喬安娜·史畢利
### Johanna Spyri
#### 1827-1901 年，瑞士

孤女起初和年邁的祖父住在阿姆，開心過日子，後來必須在法蘭克福接受嚴苛的羅騰麥爾小姐的教養，和一個坐在輪椅上的小女孩克拉拉成為好友，卻嚴重思鄉，最後終於回到爺爺和好友彼得的身邊——幾乎全世界的孩子都知道海蒂的故事。喬安娜·史畢利根本沒想到小說會這麼成功。書寫對她而言是逃離枯燥婚姻的出路，她的丈夫幾乎從來不在家。懷孕之後她陷入嚴重憂鬱，有個朋友就建議她寫作。第一篇記述小說（當然以匿名發表）就成功了，喬安娜·史畢利在世時發表了超過三十本著作，但是今日依然為人所知的只有《海蒂的學徒和旅行年代》——而且絕大多數都是電影或動畫形式。

## 瑪麗·埃本納－艾森巴赫
### Marie von Ebner-Eschenbach
#### 1830-1916 年，奧地利

她想寫下偉大的劇作，在維也納城堡劇院上演，嘗試了二十年——毫無成果。這期間她——這個時代少見的——成為鐘錶師。不管她做什麼，她丈夫（比她年長十五歲，而且是她的表親，一樁安排好的婚姻，但也沒什麼不開心的）都支持她。直到五十歲出頭，瑪麗·埃本納－艾森巴赫才找到屬於自己的寫作形式：散文。起初是記述小說和事件小說，收集在《村莊及城堡故事集》（1883，其中特別知名的是〈克朗邦布里〉）。1887年，她的第一部長篇小說《社區的孩子》使她成名，也確保她直至今日還在文學史上佔有一席之地。她所有的作品都探討階級差異以及社會正義。

德意志帝國
建立

1871

發明
打字機

1874

1877
《黑神駒》
安娜·史威爾

科隆大教堂
建成

1880
《海蒂》
喬安娜·史畢利

## 露・安德雷亞斯－莎樂美
## Lou Andreas-Salomé

### 1861-1937 年，俄國／德國

她著作等身：長篇小說、事件小說，還有記述小說。她的出道長篇小說《與神的戰鬥》（1885）就很成功，她的筆名亨利・盧很快就遠近馳名。今日，她的虛構小說作品幾乎完全被遺忘，她閃耀的個人魅力卻令人印象深刻。露・安德雷亞斯・莎樂美迷倒許多男性，她聰明、貌美又超凡脫俗。她對任何形式的知識交流都很開放，但是相反地拒絕性愛。她拒絕尼采求婚，出人意表地卻接受了東方學家佛列德里希・卡爾・安德雷亞斯，不過依然堅持柏拉圖式的關係。萊納・瑪利亞・里爾克可能是她的第一個情人，當然大家並不確知。無論如何，她（三十五歲）和二十一歲的里爾克之間的情感相當激烈，卻不能長久。露只想要自由。她五十歲的時候結識佛洛伊德，心理分析成了她的最愛，她成為心理分析師，直到佛列德里希・卡爾・安德雷亞斯去世，兩人都維持著婚姻關係。

## 貝爾塔・蘇特納
## Bertha von Suttner

### 1843-1914，奧地利

貝爾塔・蘇特納並非以小說作家的身分留存在記憶中，而是以知名和平主義者，也是第一位諾貝爾和平獎女性得主的身分而名留青史，她一再勸誡世人不要發動戰爭——就在第一次世界大戰爆發前不久死亡，她的遺言是：「很多很多人都說，放下武器！」
貝爾塔（原出身金斯基女伯爵）住在維也納蘇特納家當家教，教導女孩們——還愛上最小的男孩亞瑟！醜聞！趕出門去！或許可說因禍得福：她在巴黎擔任阿佛列德・諾貝爾的私人秘書一小段時間，和他談論戰爭與和平，對世界產生新的觀點。她回到維也納，祕密和亞瑟結婚，兩人一起搬到喬治亞，她開始寫作。因為她想儘可能接觸許多人，於是就把她的和平理想包裹在小說的愛情故事裡。《放下武器！》在世界各地暢銷，貝爾塔・蘇特納聞名全球，和平主義是她的終生課題。她領導和平運動，創立「放下武器！」雜誌社，發表演說，印刷傳單，尋求同盟，於 1905 年獲頒諾貝爾和平獎（可能是諾貝爾為她額外增設的）。

---

| 布魯克林大橋<br>開通 | | 洗碗機發明<br>（喬瑟芬・寇克蘭） | 艾菲爾鐵塔<br>落成 |
|---|---|---|---|
| 1883 | 1885 | 1886 | 1889 |
| 《村莊及城堡故事集》<br>瑪麗・埃本納－艾森巴赫 | 《與神的戰鬥》<br>露・安德雷亞斯－莎樂美 | | 《放下武器！》<br>貝爾塔・蘇特納 |

# 愛蜜莉・狄金生 Emily Dickinson

**1830-1886 年，美國**

「如果她是個男人會怎樣？」這個問題一向只是閒聊，但是愛德華・狄金生一定沒料到會生個烤麵包的兒子，而非讀書識字，更別提寫作了。而愛蜜莉偏偏就想這麼做，一個灑脫、覺醒的女孩，被父親阻攔，關在房子裡。她順服，負責家事，整理花園，偷偷寫作——越來越遠離世界。她沒見任何人，只以書信來往——和朋友、親戚、文人等等交流，好比托馬斯・溫特沃斯・希金斯，她經常詢問對方的意見。他們只見過兩次面，他如此描述狄金生：「一陣孩童碎步聲，然後就看到一個嬌小、不起眼，梳著分邊紅髮的女人。」

愛蜜莉年紀越大就越偏離世界。她只穿著白色的衣服，不再離開家門，很快就連自己的房間也不踏出一步。只能透過闔著的門和她交流，或者就只通信。她寄出幾百封書信，經常附上幾首詩，她的抒情詩於是找到脫離內心流亡的出路。但是愛蜜莉・狄金生在世時一直抗拒出版作品。

**作品**

愛蜜莉・狄金生留下 1789 首詩，大部分是短詩，所有的詩都沒有標題。她最小的妹妹拉薇妮亞在一個箱子裡發現這些寶物：四十本自己裝訂的冊子，還有一堆紙張：她把詩寫在帳單、廣告單、信封還有烘焙食譜上。驚喜——也是文學上的大事件：愛蜜莉・狄金生如今被視為美國最偉大的女詩人，遠遠超越自己的時代。

她的筆友希金斯在 1890 年發表了第一版的詩集，不過只是選集，而且文字經過編修。直到 1955 年（！）才出現原版的作品集。

**小道消息**

直到最後依然詩意：據說愛蜜莉・狄金生的遺言是：「我得走了，霧已升起」，而且有一群蝴蝶追隨著她的棺木。哇！

傷膝澗
大屠殺

《小小鴨兒歌》
（安緒茲）

首條女工保護法
（德國）

1890
《印第安夏日》
愛蜜莉・狄金生

1891
《格雷的畫像》
王爾德

〈詩作 1263〉

Tell all the truth but tell it slant –
Success in Circuit lies
Too bright for our firm Delight
The Truth's superb surprise
As Lightening to the Children eased
With explanation kind
The Truth must dazzle gradually
Or every man be blind –

說出所有真相但說得委婉——
迂迴之間隱伏成功
對我們堅定的喜悅是太過明亮
真相極度令人驚訝
有如閃光照耀孩子
和煦地說明
真相必須循循善誘
若不然則炫光盡使人目盲——

摘自：《愛蜜莉・狄金生詩作全集》。Carl Hanser 出版社，慕尼黑，2015。

| 保鮮玻璃罐<br>取得專利 | 《胡桃鉗》<br>（柴可夫斯基） | 電扶梯<br>取得專利 |
|---|---|---|

# 特別精選
快速瀏覽女作家生平

## 索菲亞・托爾斯泰
### Sofja Tolstaja
**1844-1919 年，俄羅斯**

索菲亞嫁給年長十六歲的作家列夫・托爾斯泰的時候才十八歲，她曾寫下一些文字，但是她全部燒掉，和列夫一起搬到鄉下。她生了十三個孩子，為丈夫謄寫手稿。光是《戰爭與和平》這部 1,500 頁的巨作，她前後就謄寫了七次，都在晚上秉燭抄寫。托爾斯泰 1890 年出版的小說《克羅采奏鳴曲》相當露骨地描述了一椿破碎的婚姻，和現實的相似處就已經昭然若揭。雖然受到貶低，索菲亞還是支持丈夫，但是自行提筆，以女性觀點寫了一份自傳式的對照版：《罪的問題》在三年後發表，在俄國卻直到 1994 年才出版。而索菲亞・托爾斯泰的第二部長篇小說《無言歌》至今尚未在她的家鄉出版。

## 凱特・蕭邦
### Kate Chopin
**1851-1904 年，美國**

二十歲的時候，凱瑟琳・蕭邦和丈夫搬遷到紐奧良的棉花農場，生了六個孩子，持家為務。直到丈夫過世，接著母親也離世，她陷入了危機。醫師建議她寫作當作治療。她嘗試寫作，於 1890 年出版她的首部長篇小說《不知所措》——成功！就如她所寫的短篇故事，這本小說也探討男女關係。凱特重新站穩腳步。

1899 年，她發表《甦醒》，嚇壞美國社會，因為書中描述一個女性勇敢逃脫金色牢籠：愛德娜二十八歲，已經結婚（當然是和一個年長許多的男性），有兩個孩子——卻愛上度假時認識的男人。啪！愛德娜突然明白，除了她被事先設定的人生之外，還有許多值得追求。她離開丈夫和孩子，發生緋聞，試著在經濟上獨立。最後一切以悲劇告終，愛德娜自殺。

醜聞情節，自私的女主角，寡廉鮮恥——眾口譴責！這本小說不再被出版，凱特・蕭邦封筆。直到 1970 年代（女性運動！）她才獲得認可；如今《甦醒》被視為重要的美國小說。

| 拉鍊<br>取得專利 | | 德意志帝國議會建築開幕<br>（柏林） | | 第一座電影院<br>（盧米埃兄弟） | 發現<br>Ｘ光 |
|---|---|---|---|---|---|
| 1893 | | 1894 | | 1895 | |
| 《罪的問題》<br>索菲亞・托爾斯泰 | | 《艾菲・布里斯特》<br>馮塔納 | | | |

## 碧翠絲・波特
### Beatrix Potter
#### 1866-1943 年，英國

牧羊女、女農夫、女地主——碧翠絲・波特不只是可愛的《彼得兔》系列繪本的作者和插畫家。她很年輕就對大自然普遍感興趣，尤其是動物。她研習知識，並且繪畫——以她獨特的水彩畫技巧。她嚴格的母親只想讓碧翠絲留在家裡，第一次和出版家諾曼・沃恩的訂婚就被雙親阻撓。三十九歲（！）的碧翠絲，成功堅持到底，但是諾曼在訂婚後不久就過世了。最後她在四十七歲的時候嫁給一個律師——違背雙親的意願。

聽起來像是不由自主的一生，雖然部分也的確是這樣，但是碧翠絲・波特基本上是個不讓人佔她便宜的女性，一旦牽涉到她的著作（許多會說話的動物的故事），她就是個難纏的交涉對象；說到她喜愛的鄉間，她也有明確的想像。1906 年她就在湖區買下丘頂農場，加以改建，並逐步購入鄰近土地，致力於環境保護，在第一次世界大戰後成功飼養賀德維克品種的羊。她展示性地穿著賀德維克羊毛織成的花呢服裝（就連婚禮也這麼穿！），讓這個品種免於絕跡。她的十四座農場和十六平方公里土地由國家信託繼承，條件是：必須在這些地方飼養賀德維克羊。

## 格拉齊亞・黛萊達
### Grazia Deledda
#### 1871-1936 年，義大利

直到二十九歲，格拉齊亞・黛萊達把自己的精力投注在寫作上，努力讓自己的作品得以出版。她住在薩丁島上的山區，這個荒涼地區居民的艱困生活是她一生的課題。她熱愛自己的故鄉，自知不能留在這個地方，她必須看得更多，需要有更多體驗。格拉齊亞於是和一個官員結婚，和他一起搬到羅馬，生了兩個兒子。家庭成為她灌注熱情的第二個目標，不必扮演妻子和母親的時候，她就寫作：50 部事件小說，30 部記述小說，35 部長篇小說，好比《灰燼》（1904）*、《風中蘆葦》（1913）以及《母親》（1920）。1926 年她獲頒諾貝爾文學獎——繼賽爾瑪・拉格洛夫第二個獲獎的女性。

---

＊長篇小說《灰燼》在 1916 年被改編拍攝成電影，由埃萊奧諾拉・杜斯擔任主角。這部電影並不賣座，但仍值得一提，因為它是這個著名義大利女演員唯一的一部電影作品。

拉格洛夫
情牽鄉土

# 賽爾瑪‧拉格洛夫 Selma Lagerlöf
**1858-1940 年，瑞典**

瑞典人當然深信有小矮人，在鄉間，十九世紀，他們相信有小矮人、仙女、搗蛋鬼和精靈。賽爾瑪‧拉格洛夫和家鄉的傳奇與童話一起長大，和雙親及手足住在韋姆蘭家族土地上。因為罹患髖關節疾病，她必須經常待在家裡，不像其他的孩子能四處跑跳爬樹。於是她從很小就開始閱讀世界文學的偉大作品。家族不得不放棄這塊地產的時候，她完成教師學程，一邊寫作小說。《約斯塔‧貝爾靈的傳說》是部充滿詩意的童話，章節式敘述──在一個自然主義特別受歡迎的文學時期，這書超過讀者的理解範圍，獲得的評價不高，兩年後才被接受。但此時的成就顯得更大，賽爾瑪‧拉格洛夫放棄教師的工作，繼續寫作其他成功的長篇小說，1906 年發表最終使她聞名全球的著作：《騎鵝歷險記》。

兩年後她得以買回雙親原本擁有的地產，不久之後她成為第一個獲頒諾貝爾文學獎的女性，發表精彩的演說，致詞時特別感謝她的父親。

### 📖《騎鵝歷險記》
這是本接受委任而寫作的小說：瑞典學校需要一本教科書，好讓孩子認識自己的家鄉。賽爾瑪‧拉格洛夫當仁不讓，她可藉助擔任教師的經驗。為了讓地理不至於太枯燥，她就構思了一個童話：年輕的尼爾斯被變成小矮人，和家裡養的鵝馬丁聯合一群野鵝，一起飛越整個瑞典。於是孩子們就和尼爾斯一起認識祖國的人們，家鄉的地景以及傳說。這本書最後傳遍全世界。只有教育當局不太高興：就一本教科書而言太有娛樂性了！

### 小道消息
賽爾瑪‧拉格洛夫對社會及政治議題都非常投入，在一場女性會議發表重要演說，參與拯救猶太難民的委員會（奈莉‧沙克絲等人因此逃離納粹毒手），她被問到是否願意收養一個六歲的孤兒，這個孤兒剛好就叫尼爾斯‧霍格森（是這本書的原文書名，也是主角的名字），她答應了。他原本該繼承她的財產，卻寧可當個礦工，前往美國。

《騎鵝歷險記》，1906 年

好結局

# 性別鴻溝

書寫與閱讀

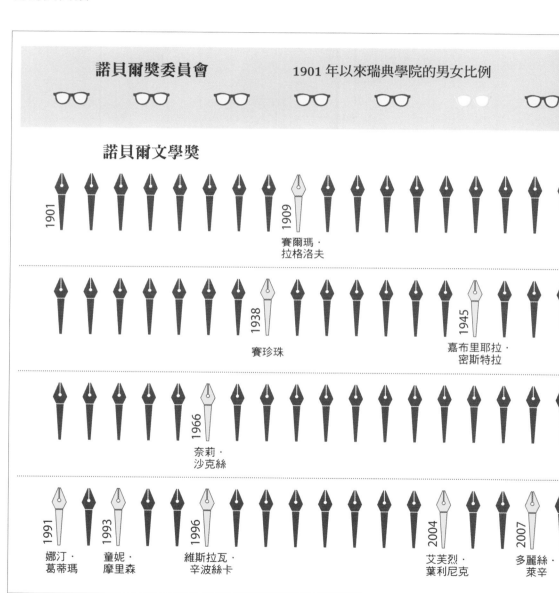

諾貝爾獎委員會　　1901 年以來瑞典學院的男女比例

諾貝爾文學獎

1901

1909
賽爾瑪・
拉格洛夫

1938
賽珍珠

1945
嘉布里耶拉・
密斯特拉

1966
奈莉・
沙克絲

1991
娜汀・
葛蒂瑪

1993
童妮・
摩里森

1996
維斯拉瓦・
辛波絲卡

2004
艾芙烈・
葉利尼克

2007
多麗絲・
萊辛

德國境內的女性與教育

| 1698 | 1893 | 1896 |
|---|---|---|
| 第一所女子高年級學校<br>（11-18 歲，婦科，哈勒） | 第一所女子高中<br>（卡爾斯魯爾） | 出現第一個獲得高中畢業證書的女性<br>（柏林） |

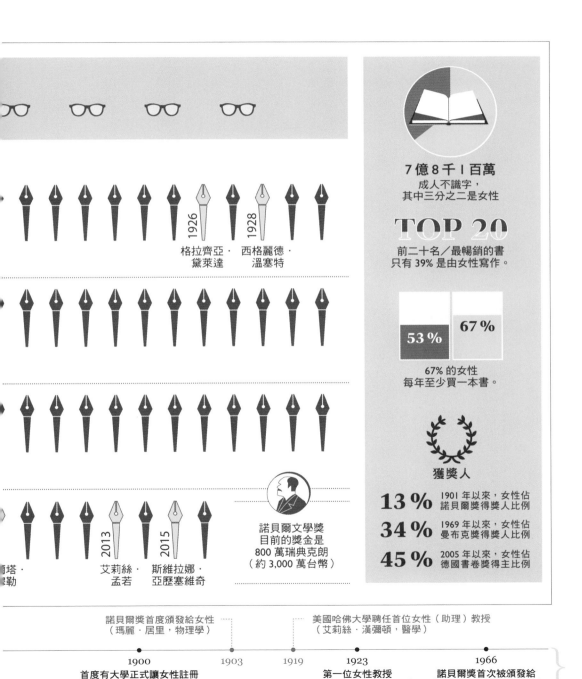

7億8千1百萬
成人不識字，
其中三分之二是女性

# TOP 20
前二十名／最暢銷的書
只有 39% 是由女性寫作。

53 %　67 %

67% 的女性
每年至少買一本書。

獲獎人

**13 %** 1901 年以來，女性佔
諾貝爾獎得獎人比例

**34 %** 1969 年以來，女性佔
曼布克獎得獎人比例

**45 %** 2005 年以來，女性佔
德國書卷獎得主比例

1926 格拉齊亞·
黛萊達

1928 西格麗德·
溫塞特

2013 艾莉絲·
孟若

2015 斯維拉娜·
亞歷塞維奇

諾貝爾文學獎
目前的獎金是
800 萬瑞典克朗
（約 3,000 萬台幣）

諾貝爾獎首度頒發給女性
（瑪麗·居里，物理學）

美國哈佛大學聘任首位女性（助理）教授
（艾莉絲·漢彌頓，醫學）

1900
首度有大學正式讓女性註冊
（弗萊堡＋海德堡）

1903

1919

1923
第一位女性教授
（瑪格莉特·朗格，化學）

1966
諾貝爾獎首次被頒發給
德國女性（奈莉·沙克絲）

# 埃荽瑟・拉斯克－胥勒 Else Lasker Schüler

**1869-1945 年，德國**

彼得・希勒帶進柏林文學圈的這個年輕女人有點瘋顛，喜歡穿著東方服飾，自稱來自巴格達的提諾，毫不拘束自己的想像力。她和一個名叫阿基阿德斯・盧安的陌生人發生婚外情，欺騙了她的第一任丈夫，這個陌生人也很快又消失了。她為盧安生了個孩子，和丈夫離婚，生活貧困。（同樣有點離經叛道的）彼得・希勒，詩人圈子的領袖，讓她住進他的藝術家宿舍，埃荽瑟的才華從此綻放。她找到志同道合的人，也獲得支持者，寫作吟詩——然後再婚：和作家葛歐格・列文，她很快為他取了個筆名黑爾瓦特・瓦登。這個筆名讓作家成名，他創立了表現主義雜誌《暴風雨》（*Der Sturm*）（同樣由埃荽瑟・拉斯克－胥勒命名）。

但是幸福並不長久。瓦登先是欺騙了她，然後就離開她，埃荽瑟墮入谷底，再次一貧如洗，卡爾・克勞斯為她組織了捐款活動，好讓她不必在公園椅凳上過夜。雖然有好幾段感情，她總是孤單，這些情事包括和戈特弗里德・貝恩眉來眼去，兩人相互以詩表達情意，直到貝恩終止這段關係——依舊非常詩意（埃荽瑟：「我是你的路緣石」，貝恩：「我的道路氾濫且獨行」）。1927 年，埃荽瑟的兒子死於肺結核，這令她始終無法釋懷。1933 年她必須離開德國，先到蘇黎世，從該處多次旅行到以色列，最後留在耶路撒冷，卻從不曾有家鄉之感。

## 作品

她寫了五部長篇小說（今日幾乎被遺忘）和三部劇作（最知名的是：《伍勒人》，1919年首演）。埃荽瑟・拉斯克－胥勒主要卻是以抒情詩人之名流傳後世，她的第一部詩集《冥河》（1901）就很成功，但是真正讓她有所斬獲的是第二部詩集《我的奇蹟》。其中收錄她最有名的詩〈舊圖博壁毯〉，直至今日還常被拿到德語課堂上加以討論詮釋：

> 愛著我的靈魂，你的靈魂，
> 交織在圖博壁毯裡。
>
> 一束穿過一束，愛戀的顏色，
> 環繞天際的星辰。
>
> 我們的雙腳踏在珍寶之上，
> 數千數千個網眼。
>
> 麝香植物寶座上甜美的喇嘛之子，
> 你的唇會吻上我的唇多久
> 臉頰貼著臉頰經過多少繽紛編織的
> 時光？

## 迴響

〈舊圖博壁毯〉是最佳德語詩作之一，是湯瑪斯・曼最愛的詩之一，對卡爾・克勞斯而言是他讀過「最令人愉悅而有所領悟的詩之一」。唯獨卡夫卡挑剔：他覺得埃荽瑟・拉斯克－胥勒的詩無聊。

| 1911 | 首次<br>世界婦女節 | 首次出現<br>「女性主義」一詞 | 鐵達尼號<br>沉沒 | 第一個無縫保險套<br>（Fromms） | 羅伯・史考特<br>逝世於南極洲 |
|---|---|---|---|---|---|

| | 1911 | | | 1912 | |
|---|---|---|---|---|---|
| | 《我的奇蹟》<br>埃荽瑟・拉斯克－胥勒 | 《灼熱的祕密》<br>褚威格 | | 《魂斷威尼斯》<br>湯瑪斯・曼 | |

# 黑德維希・庫爾茲－馬勒 Hedwig Courths-Mahler

1867-1950 年，德國

可親的丈夫，兩個女兒，用不完的靈感，很有錢——終於不再是悲慘的女作家生活。好吧，其實一開始還是有些波折：黑德維希・馬勒是私生女，她的母親是妓女，把孩子交給養父母。黑德維希只上了三年小學，十四歲就在萊比錫當女傭。那一戶人家訂閱《涼亭》＊，黑德維希經常徹夜在燭光下閱讀，特別愛看其中的連載小說。十七歲時，她寫下第一部記述小說《石南花盛開之地》，真的由當地報紙印行發表。

——

巴爾札克孵出他的小說，正如我用屁股寫書。

——

接著先說說她的私人生活：1889 年她和畫家弗里茲・庫爾茲結婚，生了兩個孩子，經濟有些拮据，黑德維希又開始寫作，雖然丈夫並不同意。幸運的是她貫徹自己的想法，因為她才剛發表第一部長篇小說，弗里茲就失業了。黑德維希的「寫作工廠」這時就開張了：她每天寫作十四個小時，在入睡之前速記寫下靈感，很少度假。於是她經常每年寫作超過十部長篇小說，每一部都是暢銷書。

隨著納粹的崛起，她的事業戛然而止。黑德維希・庫爾茲－馬勒雖然試著和納粹政權周旋，卻拒絕把納粹意識形態編入情節之中。她停止寫作，隱居在泰格恩湖畔的房子裡。

## 作品

黑德維希・庫爾茲－馬勒總共發表了 208 部長篇小說，其中有幾部如今還由德國 Bastei-Lübbe 出版社發行紙本書，封面是現代俗氣照片加上花體字，或者是以便宜的電子書出版。故事通常變化著「貴族遇上中產階級／傭人」這個主題，第一次世界大戰之後，貴族角色被工廠主人或軍官取代。魅力十足的女性，輕浮的男子，最後總是愛情戰勝一切。

### 《乞丐公主》

年輕的孤女麗瑟洛特在波登豪森男爵家當養女成長，男爵和妻子保持友善距離，而他們的親生女兒洛麗卻取笑麗瑟洛特是「乞丐公主」，隨時隨地折磨她；男爵唯一的兒子漢斯則將孤女當作真正的家族成員一樣對待。麗瑟洛特從嚴格的學校畢業，長成一個漂亮又伶俐的年輕女性，與漢斯順理成章地陷入愛戀，自己卻深知這段感情沒有未來。

但是——驚喜！——麗瑟洛特其實也是貴族成員，而且是伯爵的孫女，伯爵曾將兒子趕出家門，因為他想迎娶平民之女。硬心腸的伯爵過世之後，他的妻子找回孫女，卻未告訴孫女和養父母事實真相。波登豪森男爵被迫出售家產的時候，女伯爵就為麗瑟洛特買下來。過去的養父母可以充當管理人，卑鄙的洛麗懇求原諒，麗瑟洛特與漢斯結婚——從此過著幸福快樂的日子。

---

＊譯注：副標「家庭畫刊」，現代畫報的前身，也是第一份成功的大眾報刊，1853 年創立。

---

# 伊迪絲 · 華頓 Edith Wharton

1862-1937 年，美國

她是個備受嬌寵的上流社會女孩，在家裡接受教育——主修禮儀。伊迪絲偷偷地在父親的圖書室裡看書（她母親禁止她在婚前讀小說），跟著父母一起旅遊歐洲。她很早就和一個年長的銀行家結婚，卻一點都不快樂，丈夫背著她胡來，令她深受憂鬱症所苦。他們住在麻塞諸塞州的房子裡，一座新英格蘭式的「宮殿」，有個很適當的稱號：「坐騎」（The Mount）。和建築設計相輝映，伊迪絲在這個巨大的房子裡放縱自我，寫下她的第一本書：《房屋裝潢》。她的婚姻破裂之後，她前往巴黎，和一個美國記者陷入熱戀，這段關係維持了三年，之後則一直保持單身。她時常旅行，和海明威、費茲傑羅聚會，尤其是亨利 · 詹姆斯，直到她過世，詹姆斯一直都是她的好友。她只回到過美國一次，好接受普立茲獎。

> 不要隨時追求幸運，如此我們就能擁有最美好的生命。

## 作品

伊迪絲 · 華頓寫下十五部長篇小說，超過八十篇短篇小說，此外還有詩、旅行文學和設計書籍。她終生的課題是上流階級的日常，人們也稱她為「第五大道的編年史家」。她的作品如今幾乎都已被遺忘，只有少數幾本還被翻譯成德文：《岩礁》（1912）、《月亮一瞥》（1922）、《哈德遜河畔》（1929），當然還有她最著名的長篇小說《純真年代》（1920）。

## 📖 《純真年代》

紐約，上東區，1870 年前後：律師紐蘭 · 亞切和漂亮的梅訂婚了——門當戶對，一切順利。但小梅是個有點無趣的人，紐蘭認識小梅的堂姊愛倫的時候，特別察覺到她的這個缺點。愛倫熱情、美麗又很有個性，她離開丈夫，因為丈夫欺騙她，對她不好。即使如此，這依然是個醜聞！
家族害怕受到責難和排擠，紐蘭本來應該說服愛倫回到丈夫身邊，兩人卻愛上對方。紐蘭幾乎要拋棄乏味的未婚妻，不理紐約社交圈的閒言閒語，卻終究不敢這麼做。他和梅結婚，依然愛著愛倫，但從未踰越界限，因為在重要時刻，愛倫離開紐約，因為她得知梅已經懷孕。

## 迴響

伊迪絲 · 華頓最擅長的課題，她深知上流社會的浮面世界：表象比實相重要，身分象徵比感受重要。評論家和讀者都很陶醉（只有凱瑟琳 · 曼斯菲爾德挑剔這本小說冰冷而不帶任何情感），伊迪絲 · 華頓成為第一個獲頒普立茲獎的女性。這部長篇小說被多次改編成電影，最後一次是在 1993 年，由馬丁 · 史柯西斯導演；今日仍是值得一讀的小說。

| 俄國<br>發生革命 | 第一次世界大戰<br>結束 | 女性首次獲得選舉權<br>（德、奧） | 羅莎 · 盧森堡及李卜克內西<br>被謀殺 |
|---|---|---|---|
| 1917<br>《德魯嘉事件》<br>黎卡達 · 胡赫 | | 1918 | 1919<br>《徬徨少年時》<br>赫塞 |

# 嘉布里耶拉‧密斯特拉 Gabriela Mistral

**1889-1957 年，智利**

智利女孩露西拉‧戈多伊‧阿卡亞嘎（Lucila Godoy Alcayaga）的情人自殺之時，她年方十七，男方因為貪污被揭穿而自盡。露西拉如墮深淵，將這個經驗寫成淒美動人的詩，然後再一首，之後又一首。1914 年，她以十四行詩《死亡》獲得文學獎。這時她用筆名嘉布里耶拉‧密斯特拉＊發表作品，立刻就聞名於全拉丁美洲。她的第一部詩集《蒼涼》（1922）發表之後，全世界都匍匐在她腳下。密斯特拉在這之前以教師為業，這時她以教育之名到處旅行，在西班牙、葡萄牙、法國、義大利、巴西（結識洛特及史蒂芬‧褚威格夫婦）、墨西哥和美國擔任領事。1945 年她獲頒諾貝爾文學獎，是第一個獲獎的拉丁美洲女作家——這時她在家鄉徹底被當成聖人一樣崇敬，像明星一般受歡迎。

> 我們擁有永恆，
> 進入永恆的準備
> 時間卻短暫。

## 作品

嘉布里耶拉‧密斯特拉是天主教徒，她的詩吟誦起來常有如禱詞。她發表超過 400 首詩，詮釋的都是重大課題如愛情、死亡和希望，因此打動全世界的讀者。雖然她二十四歲就離開祖國智利，再也沒有長時間返國居住，她一生卻一再書寫故國和故鄉人。

## 名言

> 我舉著杯子
> 從一個小島到下一個，未曾喚醒滴水。
> 若灑出水來，我就欺瞞了渴望。
> 只要一滴就打亂了奉獻，
> 一切都將失敗，主上可要哭泣。

密斯特拉最出名的一首詩〈杯子〉的開頭幾句，展現切中人心的語言，以及詩作非常特別的韻律。

## 小道消息

嘉布里耶拉‧密斯特拉三十一歲時認識了當時年方十六歲的巴布羅‧聶魯達，聶魯達對她讚嘆不已，密斯特拉介紹他認識偉大的俄國作家，後來他表示自己的作品深受這些作家的影響。1971 年，聶魯達也獲頒諾貝爾文學獎——他們兩人是獲得這項表彰的唯二智利作家。悲劇：聶魯達直到今日仍是全世界最常被閱讀的詩人之一，嘉布里耶拉‧密斯特拉卻幾乎已經被人遺忘。

---

＊嘉布里耶拉‧密斯特拉以筆名讓兩個詩人成為永恆，兩人都受到她的推崇：義大利的詩人嘉布里耶勒‧旦努齊歐（Gabriele d'Annunzio），以及法國詩人弗雷德里克‧密斯特拉（Frédéric Mistral）。

曼斯菲爾德
變幻莫測

# 凱瑟琳‧曼斯菲爾德 Katherine Mansfield

1888-1923 年，紐西蘭

她看起來一臉純真，綁著奇怪的馬尾，凱瑟琳‧曼斯菲爾德卻是不折不扣的野孩子——孩童時代就滿腦子幻想，剛強、自我中心，而且有強大的意志力。她在九歲寫下第一個故事，當時還住在紐西蘭，她的家族是國內首富之一。凱瑟琳十五歲的時候，她的父親將她連同兩個姊妹一同送到倫敦讀大學，她在該處認識依妲‧貝克，永遠的朋友，忠誠的僕人，艱難時期的伴侶。

> 冒險吧！不管冒的是什麼險……！就做讓你倍感困難的事情。

學業結束之後，凱瑟琳必須返回紐西蘭，卻無法忍受這個地方，一直和父親交涉，直到他答應讓她回到倫敦，但她必須住進類似學生宿舍的地方，並且上音樂課。凱瑟琳其實只想寫作，以及享受生活，她說：「噢，我想登峰造極。」她的偶像是奧斯卡‧王爾德，她的一生應該成為藝術，藝術就是她的生命。

她不喜歡宿舍，搬到親近的友人家，和其中一個兒子談起戀愛（不是第一回），懷孕，卻嫁給了另一個人，然後在婚禮之夜離開對方。嘩！

她的母親急忙把她送到德國拜昂，凱瑟琳早產，被接下來的追求者傳染淋病。狀況很嚴重，因為當時淋病無法治療，還會引發許多後續疾病。最初是風濕，凱瑟琳必須努力對抗。依妲當然隨侍在側，她不斷在倫敦尋找新的住處，像母親一樣照料凱瑟琳，也資助她。

1911 年，曼斯菲爾德發表第一部小說集《在德國公寓》，同年認識約翰‧密道頓‧莫瑞，起初他只是一個內向的崇拜者，很快就成為她的人生伴侶，之後結婚——但他相當自我中心。凱瑟琳罹患肺結核的時候，莫瑞一點用處都沒有，是依妲陪著朋友行遍歐洲，尋找最適合療養的風土。凱瑟琳曾寫道：「友誼事實上就像婚姻一樣神聖且永恆」，對依妲‧貝克而言，這句話就是這段動人友誼的堅定礎石，因為凱瑟琳‧曼斯菲爾德讓她付出許多。法國、義大利、瑞士、療養、治療，就是休息。

依妲一再讓一切暫停，處理所有事務，陪伴著她。最後一切藥石罔效，1923 年，凱瑟

發現
圖坦卡門墓

1922

《花園派對》
凱瑟琳‧曼斯菲爾德

《哈莉葉‧佛連的生與死》
梅‧辛克萊

《尤里西斯》
喬伊斯

《花園派對》，1922 年

> 要用小點心嗎？

琳在劇烈吐血之後死亡。

十分巧妙。

## 小道消息

女作家原名凱絲琳‧曼斯菲爾德‧博尚（Kathleen Mansfield Beauchamp），她在倫敦上大學的時候覺得這個名字太乏味，得想個筆名。於是她就自稱凱瑟琳‧曼斯菲爾德，她的朋友依妲也被她改名為雷絲麗‧摩爾（Leslie Moore，「雷絲麗」來自凱瑟琳最親的兄弟，「摩爾」則是紀念依妲早逝母親而命名）。兩個女孩從這時起大多以縮寫 KM 及 LM 自稱。

## 作品

凱瑟琳‧曼斯菲爾德從不曾寫下長篇小說，只留下七十三篇短篇故事，此外還有詩作及書信。她在世時受到重視，卻從不曾成為文學界的巨星，雖然她在倫敦文學圈裡穿梭，並且以她的現代髮型（依妲為她打點的）引人側目。她和 D. H. 勞倫斯、赫胥黎、喬伊斯都熟識，甚至和維吉尼亞‧吳爾芙結成好友，吳爾芙為她出版記述小說（吳爾芙在日記中坦承自己忌妒凱瑟琳的天賦：「那是唯一讓我感到忌妒的散文作品。」）。

曼斯菲爾德的短篇故事如今被視為現代短篇小說的先驅──簡潔、切中主題，而且構思

## 📖《花園派對》

> 要是委託他人辦理，她決不會獲得舉辦花園派對的完美一日。無風、溫暖，萬里無雲，藍天只有一抹亮金色薄霧，正如初夏經常出現的那樣。

在這完美的夏日，薛里登太太和三個女兒籌備了一個花園派對，女主角羅拉要和一些男人討論，找出搭設帳篷的最佳位置。她並不習慣和普通工人交談，她接受帶有階級意識的教育，本人卻排斥階級意識。

附近有個車伕不幸身亡的消息突然傳來，羅拉就想終止酒會，她的母親完全無法理解她的想法，她和這些人有什麼關係？酒會照常舉行。晚上，羅拉被要求把死者的家人帶到酒會來──羅拉覺得這種態度十分可議。但是她還是前往死者的小屋，看到死者，深受觸動。死與生，貧與富，一切相依，正如她和讀者所知。

凱瑟琳‧曼斯菲爾德想把所有課題融入這個故事，這篇作品在她死前一年發表。

# 自傳
## 描繪生命的故事

一個有許多面相的文類,包括自傳和自傳式小說(混合事實和虛構故事)。的確有比較多女性對自傳式小說感興趣——當然,如果是女性(們)的自傳就更感興趣。好的自傳證明:最好的故事乃是由生命自行撰寫。

米夏愛拉·卡爾 Michaela Karl
### 《再來一杯馬丁尼,然後我就躺在東道主腳下:朵樂希·帕克》
扣人心弦的女性,瘋狂的時代。

娜歐蜜·伍德 Naomi Wood
### 《海明威的夫人們》
關於這個著名作家的四任妻子——和作家本身。

喬治亞·凡·德·羅
Georgia van der Rohe
### 《善變的女人》
標題即課題……

弗朗索瓦·吉洛 Françoise Gilot
### 《我和畢卡索的一生》
1943-1953 年間,兩人是一對,然後吉洛離開畢卡索。

彥斯·安德森 Jens Andersen
### 《阿思緹·林格倫》
了不起!

喬安娜·萊考夫 Joanna Rakoff
### 《我的沙林傑時光》
1990 年代的紐約,一個年輕女士初出茅廬,在沙林傑的代理辦公室工作。引人入勝。

安德里亞·魏斯 Andrea Weiss
### 《巴黎是個女人》
值得發掘:1920 和 1930 年代在巴黎的女性藝術家。

馬倫·戈夏克 Maren Gottschalk
### 《蘇菲·索爾的一生》
最好的蘇菲·索爾傳記,令人驚嘆落淚。

# 老少咸宜
## 任何年齡都適合閱讀的書籍

青少年叢書不如成年人看的書籍受重視，這是個不爭的事實。出版社嘗試改變這種情況，避免設定閱讀年齡層，而是標上「適合年輕成年人」，或者更進一步稱之為「老少咸宜」（All Age）的書籍。＊這些小說有時也的確攀上排行榜（好比《飢餓遊戲》或是《生命中的美好缺憾》）。但是在青少年文學當中也有值得挖掘的珍寶：

露塔·賽佩提斯 Ruta Sepetys
### 《易如反掌》
1950 年代發生在紐奧良的青春成長故事：既沮喪又令人振奮。

凱瑟琳·漢尼根 Katherine Hannigan
### 《戴利眼中的真相》
不安的少女重新找回信賴感：毫不做作，充滿情感。

拉奎爾·帕拉希歐 Raquel J. Palacio
### 《奇蹟男孩》
臉部畸形的十歲男孩故事：難以言欲又擴展視野。

莎拉·佩尼帕克 Sara Pennypacker
### 《吉普賽飛蛾之夏》
兩個女孩和生命的故事：悲傷、風趣，好得難以置信。

凱特·狄卡密歐 Kate DiCamillo
### 《芙羅拉和尤里西斯》
一隻會哲思的松鼠和其他離經叛道的生物。語言煙火！

喬斯·斯特林 Joss Stirling
### 《尋找天空》
女孩、男孩，超自然天賦，不可能的愛：無須總是吸血鬼！

---

＊其實指的是十四歲以上的人閱讀的書——但是童書也可能是很棒的體驗。有些童書甚至不容錯過（好比蘿倫·查爾德和茱莉亞·唐納森的作品）。

# 桃樂絲·榭爾絲 Dorothy L. Sayers

1893-1957 年，英國

她生命中唯一一個和她處得來的男性：彼得·溫西勳爵——其實是她筆下的知名偵探，一個英國花花公子，收藏古書，打槌球，喜愛巴哈，受到女性的包圍擁戴。對英國貴族的詼諧調侃，但也有點夢中情人的感覺。

在真實生活當中，榭爾絲的男人運並不好。三十歲出頭，她不期然懷孕，偷偷地生下兒子。兒子在榭爾絲姊姊身邊長大，榭爾絲和一個離過婚的記者結婚，他承受第一次世界大戰的創傷，後來又因妻子的成就感到痛苦。

**—— 年長的先鋒女性，全世界的力量也攔不住她。**

桃樂絲·榭爾絲的第一部長篇小說是順手寫下的，她大學畢業之後，起初在諾曼第當教師，後來在倫敦寫廣告文案。她一直都偏好偵探小說，想要寫小說賺點錢。彼得·溫西勳爵從第一本作品開始就是她的偵探，還帶著探長帕克。

## 作品

桃樂絲·榭爾絲是當時最聰明也最具文學氣質的偵探小說作家。她的小說不僅描述如何揭發犯罪，還把焦點放在人物特質、動機以及社會背景上。她的偵探小說為她賺了許多錢，讓她在 1930 年代中期得以嘗試其他文學類型：她寫作劇本、評論、神學論文和廣播劇。

## 《誰的屍體？》

一個建築師的浴缸裡出現一具屍體，那不是不久前失蹤的富商魯本·利維嗎？不是，但是出於嗜好而初次偵查的彼得·溫西勳爵確信：這兩個案件有所關連。線索指向犯罪現場附近的醫院，一個名叫朱利安·佛雷克爵士的神經學家，他出於忌妒犯下謀殺案，因為他愛上利維的妻子。他讓自己的學生擺弄屍體，放在浴缸當作指向另一個死者的小提示。

### 迴響

就算有人挑剔彼得·溫西勳爵是個過度完美的主角，這本偵探小說處女作非常成功。如今，桃樂絲·榭爾絲是經典偵探故事最重要的作家之一。她的主角尤其因為許多美好的生活智慧而受到喜愛，溫西勳爵如此說道：「我隨時隨地都能想出一句名言，不受自己的思考干擾。」

### 小道消息

字母 L 對桃樂絲一向非常重要，源自她的中間名「Leigh」，也是她母親婚前的名字。

1923　　希特勒　　　　國際刑警組織　　　　　　《藍色狂想曲》　列寧
　　　　在慕尼黑叛變　　成立　　　　　　　　　　（蓋希文）　　去世

　　　　　　　　　　　1923　　　　　　　　　　　　　　1924
　　　　《誰的屍體？》　《巴爾》　　　　　　　　　　《魔山》
　　　　桃樂絲·榭爾絲　布雷希特　　　　　　　　　　湯瑪斯·曼

# 葛楚德‧史坦 Gertrude Stein

1874-1946 年，美國

她看起來比較像個農婦，而不是巴黎藝術家圈子的巨星：高大、結實、短髮，通常穿得隨便。但葛楚德‧史坦畢竟是現代的指路先鋒。

她出生在賓夕法尼亞州，雙親富有，對世界有著開放的胸襟（葛楚德很小就學會德語及法語），她和兄長李歐一起在哈佛念大學。

——

內心裡我們維持在同一年齡。

之後兩人前往倫敦，並於 1903 年抵達巴黎。他們住在花街 27 號，此處很快就成為整個文化圈的地址。每個週六晚間，大家都聚集在史坦兄妹身邊：畢卡索、馬蒂斯、喬伊斯、費茲傑羅和海明威＊——葛楚德‧史坦喜歡置身男性之間。隨時待在不顯眼處的是愛麗絲‧托克拉斯，從 1907 年開始一直是葛楚德的繆思，生命伴侶，女秘書，廚子。

史坦家有足夠的金錢資助藝術家和作家，很早就開始購入塞尚、高更、莫內、畢卡索、馬蒂斯的油畫，之後也買下胡安‧格里斯和其他立體派畫家的作品。葛楚德‧史坦尤其贊助畢卡索，對海明威而言她也是個導師，鼓勵他寫作（建議他句子要精簡！），甚至成為他兒子的教母。這段友誼後來破裂。第二次世界大戰時，愛麗絲和葛楚德逃到南法的夏季別墅裡，村子閉口不談這兩個美籍猶太人的存在。大戰結束後一年，葛楚德‧史坦去世，愛麗絲二十年餘生都為女友悲悼。

## 作品

「玫瑰只是玫瑰只是玫瑰只是玫瑰」——這句摘自詩作〈聖艾米麗〉（1922）的名言是典型的葛楚德‧史坦風格，她以語言實驗，測試語言的聲調，以及冗語的效果。她在詩中重複「蒼白」（pale）這個字眼七次，然後寫出下一行，用類似發音的字來取代或補充。現代，極端，前衛。對立體主義的文學回應，讓人想到詹姆斯‧喬伊斯。的確，比《尤里西斯》早二十年，葛楚德‧史坦的《造就美國人》就已經是部巨作，對讀者提出類似的訴求：意識流（＝沒有句子結構的想法）加上後設小說（＝對小說的想法被寫成小說），沒有對話，沒有句子符號。這本小說長達 1,000 頁，1925 年才找到一家小型卻有勇氣的出版社。

## 迴響

「一般」讀者無法消化史坦的文字，直到她出版《愛麗絲‧托克拉斯的自傳》（1933）才獲得較多讀者。史坦以伴侶的視角來描述自己（也談論當時的藝術、生活及各個重要人物）。這本書是她最成功的作品。

---

＊葛楚德‧史坦也為海明威等人想出「迷失的一代」這個稱號：對戰爭的幻滅，偏好酒精和愛情糾葛，但他們全部都是天才作家。她的汽車工廠頭頭稱他的技師是「失落的一代」（génération perdue），因為他們修不好史坦的福特 T 型車。葛楚德‧史坦直接把這個概念套用在美國作家身上：「你們對一切都沒有絲毫敬意，你們只會喝到死。」

| 《淘金記》（卓別林） | 《波坦金戰艦》（愛森斯坦） | 《我的奮鬥》（希特勒） | 禮薩‧巴列維登基為波斯沙王 |
|---|---|---|---|

1925

| 《戴洛維夫人》維吉尼亞‧吳爾芙 | 《造就美國人》葛楚德‧史坦 | 《大亨小傳》費茲傑羅 |
|---|---|---|

克莉絲蒂

犯罪小說天后

# 阿嘉莎·克莉絲蒂 Agatha Christie

1890-1976 年，英國

阿嘉莎·克莉絲蒂在一次世界大戰期間，出於無聊而寫下她的首部犯罪小說，她的丈夫是空軍，被派駐在法國，她自己則在家鄉托基（Torquay）的藥房當助手。這正好：她在藥房裡學到一些關於砷、番木鱉鹼和氫氰酸的知識，後來對她很有用處。她的首部長篇小說涉及毒殺也就不足為奇：《史岱爾莊謀殺案》，赫丘勒·白羅的第一個案子，發表於 1920 年。

六年之後，《羅傑·艾克洛命案》讓她聲名躍起。雖然事業成功，1926 年對阿嘉莎·克莉絲蒂而言是恐怖的一年：她罹患不易根治的支氣管炎，她的母親過世，丈夫為了情人要離開她。兩人發生爭吵之後，阿嘉莎·克莉絲蒂消失得無影無蹤。警方展開大規模搜索行動，1,000 名警察和 15,000 個民眾徹底搜查整個區域，徒勞無功。女作家消失了十天，直到她偶然在一家旅館被人發現，她正在那裡開心地跳著查爾斯頓舞。她以假名入住，並且拒絕說明這段時間發生的事情。究竟是為了責罰不貞的丈夫，還是汽車意外加上健忘症？不管這十天之中發生什麼事：阿嘉莎·克莉絲蒂這時早已遠近馳名。她離婚，踏上相對長的一段旅程：搭上東方快車前往伊斯坦堡，再從該地繼續前往巴格達，後續再到美索不達米亞，認識了（比她小十四歲的）考古學家馬克斯·馬洛萬，兩人於 1930 年結婚。她極盡自嘲地說：「和考古學家結婚的女人可以幸福地珍視自己，因為年紀越大，對丈夫而言就越有意思。」兩人的婚姻確實維持了四十六年，直到克莉絲蒂逝世為止。

## 小道消息

阿嘉莎四歲的時候就自己學會閱讀──讓她深具階級意識的母親大為錯愕，她以為書籍對孩子一點用處都沒有，普遍來說，閱讀根本就不是恰當的消遣。但是天分就是能戰勝扭曲的想法。

## 作品

阿嘉莎·克莉絲蒂寫了六十六部長篇小說，超過二十三部劇作。她的犯罪小說《一個都不留》（1939）是至今最暢銷的犯罪小說：售出一億本──到目前為止。她的劇作《捕鼠器》從 1952 年的首演開始，每天都在倫

《羅傑‧艾克洛命案》，1916 年

敦上演，因此成為全世界連續上演最久的劇作。

阿嘉莎‧克莉絲蒂何以如此成功，其實沒人說得清楚。單面向的人物，並不特別驚人的案情，毛骨悚然又出人意表的解答。千篇一律的劇情，風格簡樸，言語簡單，但她的粉絲就是喜歡這些，她的犯罪小說就像每週的字謎遊戲，典型的「誰是兇手」*故事。

除了赫丘勒‧白羅（請見下文），瑪波小姐是她筆下最著名的女性主角。這位老婦人喜歡編織，觀察鳥類，說說閒話——以及解開犯罪之謎。瑪波小姐總共解決了十六椿謀殺案。

## 《羅傑‧艾克洛命案》

赫丘勒‧白羅最初解決的案子之一。富有的寡婦費羅女士（據信謀殺了親夫）去世，據推測是自殺身亡。只有原本要和費羅女士結婚的羅傑‧阿克羅伊德有所懷疑，不久之後他就被謀殺了。啊哈！私家偵探赫丘勒‧白羅展開調查。

仔細檢視許多嫌疑犯，每個人都有動機，也都有所隱瞞。白羅揭發一些祕密，最後拆穿他的助手詹姆斯‧薛柏特博士正是兇手。令人震驚，因為薛柏特博士正是整個故事的第一人稱敘述者！

### 迴響

讓兇手當第一人稱敘述者的巧妙手法，使阿嘉莎‧克莉絲蒂受到許多批評，像是欺騙讀者等等，但也有些人因此覺得這部小說是了不起的作品。無論如何，《羅傑‧艾克洛命案》讓作者聞名全球。這是白羅最初的案件之一，克莉絲蒂為這個退休比利時警察寫了三十三部長篇小說，以自我中心的私家偵探形象處於巔峰。

### 主角

赫丘勒‧白羅是比利時一個退休的警察，第一次世界大戰時流亡到英國，在當地成為私家偵探（而且痛恨被當成法國人）。相當花心，是個徹頭徹尾的老學究，而且絕對深信他「小小灰色細胞」的天才。就和瑪波小姐一樣，白羅沒有家人，不同的是有段風流情史——和薇拉‧羅莎科夫，據說是個俄國女伯爵（也是珠寶大盜）。在最後一部（《謝幕》，1975），白羅去世。

---

＊原文 Whodunnit 意即「誰做的？」。為數不多的嫌疑犯，每個人都有動機，讀者可以一起解謎，最後則周詳澄清案情。

# 朵樂希 · 帕克 Dorothy Parker

1893-1967 年，美國

她讓紐約的阿岡昆大飯店出名：1919 年，某個六月的晚上，朵樂希·帕克和一些朋友為戰爭返鄉者亞歷山大·伍爾考特舉辦歡迎會，他是個著名的文學評論家。於是展開了（據稱）知名的「圓桌」，藝術家、演員、作家、記者，從此以後每天都在飯店的「玫瑰廳」聚會用午餐，辯論、污蔑──還有喝酒。朵樂希·帕克是這個「惡毒圈子」的女王，說出最棒的話語，灌醉每個男人。1924 年，和第一任丈夫愛德溫·帕克離婚後，她就搬進「Gonk」（直至今日還可預約此一保留原始裝潢的套房），保持毫無拘束的生活風格，男人、聚會、酒精，接著是戒毒療程和試圖自殺。直到她和亞蘭·坎培爾結婚，才算稍稍安定下來。他們一起到好萊塢當編劇，起初一切看起來都很棒。但是朵樂希不願接受合約工作，和丈夫也很快就走不下去。後來她被麥卡錫委員會審訊，她終於受夠了好萊塢。她回到紐約，1967 年孤單地在一個旅館房間去世。

──

再來一杯馬丁尼，然後我就躺在東道主腳下。＊

## 作品

朵樂希·帕克是第一個進入紐約批判圈的女性，她毫不顧慮票房損失地寫下辛辣戲劇評論。但是她也熱衷於寫詩，她的詩集《自取滅亡》在 1926 年的銷售很好。她的朋友哈羅德·羅斯於 1925 年創立雜誌《紐約客》（The New Yorker），她是最初幾個女作家之一。起初她撰寫文學評論，後來寫作著名的《紐約故事》（1939）。

## 不是長篇小說！

就像許多沒有創作長篇小說的女作家（及作家），朵樂希·帕克被人所遺忘。最後她也越來越有種失敗的感覺。她諺語如珠，被視為諷刺女王──但是作家？挺悲傷的。因為帕克的所有作品都證明她的天賦，幸運地，2011 年起也被翻譯成德文。

## 名言

> 星期三：最可怕的事情發生在這一分鐘，我有片指甲徹底斷落，這是我一生中最糟糕的一件事。

朵樂希·帕克在她的故事裡取笑上層階級（上文摘自〈一位紐約女士的日記〉），讀起來非常切中現實，就像從《慾望城市》隨便一集挑出來的句子一樣。

---

＊這是帕克最知名的一句話，也常被印在馬丁尼杯子上。其實是四行詩：「我想來杯馬丁尼／頂多兩杯／三杯之後我就躺在桌子底下／四杯之後我就躺在主人腳下。」但就像其他名言，根本不確定她是否真的曾經說過或寫過這些話。

吳爾芙　跳脫傳統

# 維吉尼亞・吳爾芙 Virginia Woolf

**1882-1941 年，英國**

維吉尼亞・吳爾芙從年輕時就受到兩種極端的干擾——她的生命就像雲霄飛車。她接受嚴苛的維多利亞規範教育，雙親死後和三個姊妹搬到倫敦城區布魯姆斯伯里（Bloomsbury）的房子裡居住。從此以後，這裡就成為藝術家、知識份子和科學家的聚會所，他們辯論、造反、實驗，想出瘋狂的行動。好比他們穿得像阿比西尼亞使節，把臉塗成棕色，包著特本頭巾（維吉尼亞黏上大鬍子扮成男人！），非常正式地到戰船上訪問，用一種想像出來的語言交談。絕佳的醜聞，讓整個倫敦波西米亞藝術圈大樂。

維吉尼亞在布魯姆斯伯里圈認識李歐納德・吳爾芙，兩人於 1912 年結婚，但是有個條件——就是兩人必須維持柏拉圖式的理想關係。他們成立了一家出版社，霍加斯出版社（Hogarth Press），出版了凱瑟琳・曼斯菲爾德、艾略特、葛楚德・史坦和維吉尼亞自己的作品。

四十歲的時候，維吉尼亞・吳爾芙愛上了閃耀的維塔・薩克維爾－韋斯特（請見第 70 頁），李歐納德忍受她們持續三年的關係，還有維吉尼亞的狂躁憂鬱期。他一再保護她

不至於墮入深淵，直到 1941 年 3 月 28 日，她給丈夫寫了一封訣別信：「我的摯愛，我很清楚地察覺我又要發瘋了。」她把沉重的石頭放進大衣口袋，然後走進河裡，三週之後，她的屍體才被發現。

## 小道消息

霍加斯出版社是個相當樂於實驗的出版社，但是有個三十六歲愛爾蘭人的作品就連維吉尼亞都吃不消：《尤里西斯》未被霍加斯出版，詹姆斯・喬伊斯必須再等待四年，才找到有人願意出版他令人困惑的作品。

## 勘錯

愛德華・阿爾比的劇作《誰怕維吉尼亞・吳爾芙》和女作家維吉尼亞・吳爾芙一點關係都沒有。標題隱喻童謠《誰怕大惡狼？》，轉換之後變成劇作家筆下的荒謬笑話。

## 作品

維吉尼亞・吳爾芙是二十世紀最重要的女作家之一，1922 年以《雅可布的房間》跨出一大步，這本書和詹姆斯・喬伊斯的《尤里

第一次不中斷飛越大西洋
（林白）

1927
《荒野之狼》
赫曼・赫塞

《歐蘭朵》，1928 年

1588

1928

迪士尼
發想出米老鼠

1928

《泰瑞絲》
史尼茲勒

《歐蘭朵》
維吉尼亞‧吳爾芙

《三文錢歌劇》
布雷希特

西斯》在同一年出版，也同樣「現代」。喬伊斯和吳爾芙都打破傳統敘述技巧的限制，嘗試用（老師喜愛、學生痛恨的）「意識流」實驗，完全不顧慮讀者地寫下內心獨白。充滿聯想、混亂，沒有清晰的句子結構，充滿文字和意義空隙，就像人的念頭，沒有人能跟得上。

但是時代已經成熟到接受這種實驗，《雅可布的房間》以及維吉尼亞・吳爾芙其他「難懂的」（正式名稱是「實驗性」）小說都讓前衛人士欣喜：《戴洛維夫人》（1925）、《燈塔行》（1927）及《浪潮》（1931）。初入門者最好從《歐蘭朵》（1928）開始閱讀，這本書被作者本人稱為「開朗而且能快速閱讀」。

### 📖 《歐蘭朵》

主角穿越四百年的英國歷史，在中間還轉換性別。歐蘭朵起初是在依莉莎白一世宮殿裡任職的年輕貴族，不幸地愛上一個俄國女伯爵，為了自我安慰，寫下史詩作品《橡樹》。後來他為了逃避女跟蹤者前往康斯坦丁堡，在那裡突然以女性的身體醒來。啊！

經過初期的困難之後，歐蘭朵接受了自己的新角色，來到十八世紀的倫敦，她在那裡投入社交生活。晚上她穿著男性的衣服，和妓女相會。

但是在緊接著的維多利亞時期，這種放蕩生活只得終止——歐蘭朵注意到，單身女性在這裡並不受歡迎，於是就嫁給一個船長。故事結束在《歐蘭朵》出版的那一年，歐蘭朵正出版自己的作品《橡樹》，並且贏得某個獎項。

### 小道消息

書上的獻詞寫著「給維塔・薩克維爾－韋斯特」——這本書是對愛人致敬。維吉尼亞・吳爾芙從自己的情史擷取了許多軼聞，並且從薩克維爾家族歷史取材許多真實事件，甚至附上維塔的幾張照片。＊維塔在這之後經常被稱為歐蘭朵，對另一個自我感到非常滿意。《歐蘭朵》使維吉尼亞・吳爾芙在文學上有所突破，但也標示了她和維塔浪漫情史的終結，然而兩人還是維持好朋友的關係。

### 📖 《自己的房間》

維吉尼亞・吳爾芙也以評論著稱，尤其是《自己的房間》（1929），文中討論女作家們在父系社會中幾百年來都受到不公平的對待。為了寫下受人重視的文學作品，女性需要「一個自己的房間」——實際和隱喻意義上的房間（財務自主、私人空間以及受到認可）。

這篇短論（以及連帶使作者）在 1970 年代被重新挖掘出來，受到女性運動的歡呼。

### 哇！

雖然她的情緒陰沉，但是維吉尼亞・吳爾芙很懂得製造趣聞。她的長篇小說《佛拉緒》（1933）是伊莉莎白・巴雷特・白朗寧（請見第 32 頁）的狗的傳記。吳爾芙非常徹底地研究這個維多利亞時期女詩人的生活，以可卡獵犬的視角來描述——這本小說成了暢銷書。

---

＊維塔的兒子稱這本小說是「文學史上最長的情書」。直至今日，原始手稿還可以在維塔的出生地「諾爾莊園」（Knole House）看到。

# 我愛巴黎
舊世界的沙龍文化

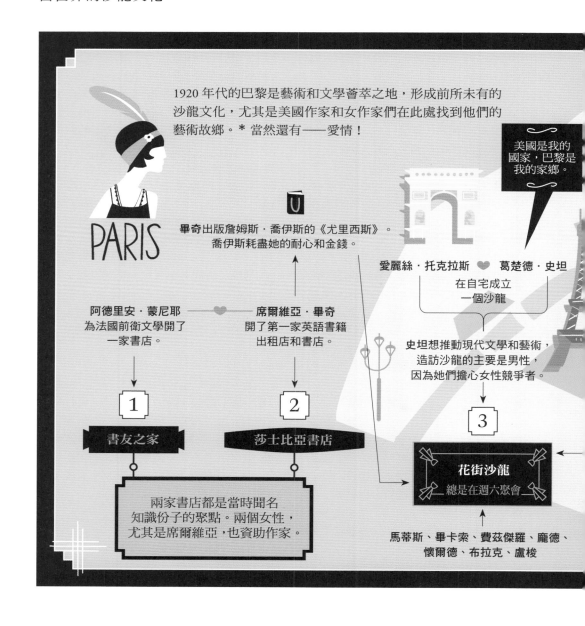

1920 年代的巴黎是藝術和文學薈萃之地，形成前所未有的沙龍文化，尤其是美國作家和女作家們在此處找到他們的藝術故鄉。＊當然還有——愛情！

美國是我的國家，巴黎是我的家鄉。

PARIS

畢奇出版詹姆斯·喬伊斯的《尤里西斯》。喬伊斯耗盡她的耐心和金錢。

愛麗絲·托克拉斯 ♥ 葛楚德·史坦
在自宅成立一個沙龍

阿德里安·蒙尼耶 ♥ 席爾維亞·畢奇
為法國前衛文學開了一家書店。　開了第一家英語書籍出租店和書店。

史坦想推動現代文學和藝術，造訪沙龍的主要是男性，因為她們擔心女性競爭者。

1　書友之家

2　莎士比亞書店

3　花街沙龍
總是在週六聚會

兩家書店都是當時聞名知識份子的聚點。兩個女性，尤其是席爾維亞，也資助作家。

馬蒂斯、畢卡索、費茲傑羅、龐德、懷爾德、布拉克、盧梭

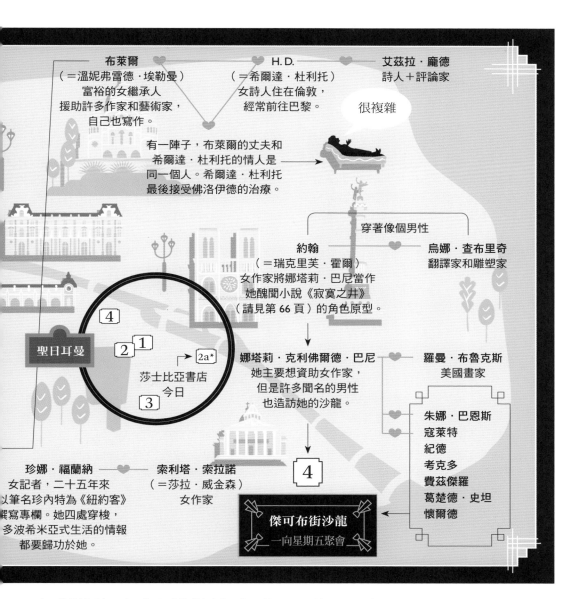

布萊爾 ♥ —— H. D. —— ♥ 艾茲拉・龐德
（＝溫妮弗雷德・埃勒曼） （＝希爾達・杜利托） 詩人＋評論家
富裕的女繼承人 女詩人住在倫敦，
援助許多作家和藝術家， 經常前往巴黎。 很複雜
自己也寫作。

有一陣子，布萊爾的丈夫和
希爾達・杜利托的情人是 ——
同一個人。希爾達・杜利托
最後接受佛洛伊德的治療。

穿著像個男性
約翰 —— ♥ 烏娜・查布里奇
（＝瑞克里芙・霍爾） 翻譯家和雕塑家
女作家將娜塔莉・巴尼當作
她醜聞小說《寂寞之井》
（請見第 66 頁）的角色原型。

4

聖日耳曼

2 1

2a*

莎士比亞書店
今日

3

娜塔莉・克利佛爾德・巴尼 ♥ —— 羅曼・布魯克斯
她主要想資助女作家， 美國畫家
但是許多聞名的男性
也造訪她的沙龍。

♥ 朱娜・巴恩斯
寇萊特
紀德
考克多
費茲傑羅
葛楚德・史坦
懷爾德

珍娜・福蘭納 —— ♥ 索利塔・索拉諾
女記者，二十五年來 （＝莎拉・威金森）
以筆名珍內特為《紐約客》 女作家
撰寫專欄。她四處穿梭，
許多波希米亞式生活的情報
都要歸功於她。

4

傑可布街沙龍
一向星期五聚會

＊在巴黎的美國人──這一群是聞名的「迷失的一代」：被一場不屬於他們的戰爭所困，因痛苦、激情和苦艾酒而迷醉──
具備無比的天賦。

# 特別精選
快速瀏覽女作家生平

## 瑞克里芙·霍爾
### Radclyffe Hall
#### 1880-1943 年，英國

她自稱約翰，穿著像個男人：瑞克里芙·霍爾自承是女同志，在 1920 年代的藝術家圈子完全被接受，圈外人則非常嚴苛看待。霍爾的長篇小說《寂寞之井》（1928）是她的生活方式宣言——發表之後受到激烈討論。故事講述年輕的英國女性史蒂芬·葛爾登，她很早就知道自己愛的是女性。她深刻思考自己的同性之愛，卻一再受到批評和排斥。小說最後，瑞克里芙·霍爾間接推動同性婚姻。這本書的確贏得比較多寬容，對許多年輕女同志產生一種「原來如此」的體悟。但是也有人控訴意淫*，也有來自女同性戀的批判，因為霍爾將女主角呈現得太男性化。私生活方面，瑞克里芙·霍爾起初和年長許多的瑪寶·巴藤體驗到愛情的幸福，但必須和瑪寶的丈夫喬治·巴藤分享。一直到喬治去世，兩人才能毫無阻礙地遊歷歐洲。1915 年，霍爾結識烏娜·查布里奇，在瑪寶去世之後，就和她同居。烏娜生病的時候，瑞克里芙愛上年輕的俄國看護，烏娜只得容忍這段三角關係長達六年（直到霍爾去世）。

---

*書中確實沒有詳盡的性愛細節——只要忽視這一句「這一夜兩人沒有分開」。

## 薇琪·鮑姆
### Vicki Baum
#### 1888-1960 年，奧地利

她去美國旅行的時機恰好：1931 年，薇琪·鮑姆和家族接受邀請前往好萊塢，好參與她的暢銷書《旅館眾生相》（1929）的電影改編工作。她本人就留在當地，她的書在德國卻被焚燒殆盡。

薇琪·鮑姆是猶太人，在維也納出生，原本是音樂家，但是寫作對她越來越重要。1928 年，她頂著難解標題的小說《化學生黑蓮娜·威福爾》（*stud. chem. Helene Willfüer*）出版之時，已經出版過好幾本長篇小說。雖然（或說「因為」）本書涉及爭議性主題，如性解放和墮胎，這部長篇小說成績不俗，就和一年後出版的《旅館眾生相》一樣。在一家柏林豪華大飯店裡，各種不同的命運交織：年齡漸長的女舞者，寂寞的戰爭退伍軍人（醫生，嗎啡成癮），落魄的男爵（靠著偷竊勉強度日），以及帶著會計和女秘書的工廠經理。是部高水準的娛樂小說，使薇琪·鮑姆聞名全球。她也是少數在流亡期間依然成功的作家之一——但很快只以英文寫作。

---

1928

發明盤尼西林
（弗萊明）

世界經濟
危機

## 賽珍珠
### Pearl S. Buck
#### 1892-1973 年，美國

東、西方的媒介：賽珍珠在中國長大，由她的雙親施予傳統西方教育，在日常生活中認識中國人的大小事。她和美國人約翰・巴克結婚，大部分時間住在南京。她的第一部長篇小說《東風－西風》於 1930 年出版，一年之後出版她知名的小說《大地》，一個中國農夫的生命故事不僅讓美國人興致盎然，這本書在全球更大受歡迎，為賽珍珠贏得一座普立茲獎。她又寫了幾部有關中國的長篇小說，瑞典學院也無法忽視這些異國宿命：1938 年，賽珍珠獲頒諾貝爾文學獎。咦，她的著作不是通俗小說嗎？全球的文學批評家都感到憤怒。諾貝爾獎委員會立刻引進（非正式的）「賽珍珠條款」：所有候選人必須先經過提名才能得獎（防止倉促決定！）。賽珍珠不予理會，繼續寫作，並非一律（但經常）和中國相關，和巴克先生離婚後，嫁給自己的出版商，領養了八個孩子。

## 嘉布里耶拉・泰爾吉特
### Gabriele Tergit
#### 1894-1982 年，德國

這位年輕的柏林女士在 1920 年代以德國首位法院報導記者而聞名。她的處女作《凱瑟比爾征服選帝侯大街》（1931）故事發生在記者圈中，仔細說來，就在泰爾吉特工作的《柏林日報》編輯部：一個地方記者找故事，報導了普通的民謠歌手凱瑟比爾，稍微吹噓了一下。突然之間，凱瑟比爾變成巨星，不過只維持了一季。讀者和評論家都喜歡這本媒體諷刺小說，嘉布里耶拉・泰爾吉特在六星期內完成這本書，並因此一夜成名。她繼續記者的工作，發表批評納粹的文章，1933 年不得不逃離德國。她幾經波折抵達倫敦，成為國際作家協會「筆會」（P. E. N.）中心的秘書。1951 年，她出版了另一部長篇小說（《愛芬格》，一個猶太家族的故事），但是幾乎沒人注意。嘉布里耶拉・泰爾吉特後來才重新被發掘。

科伊恩
神童

# 伊姆加德・科伊恩 Irmgard Keun

1905-1982 年，德國

伊姆加德・科伊恩長時間以來並沒有考慮過寫作。她是打字員，上過演戲學校，有事可做，然後她結識阿佛列德・德布林。德布林年長將近三十歲，但是他們成為知己。德布林建議她寫本書：「只要您寫作有您說話、敘述和觀察的本事一半好，您就可以成為德國最好的女作家。」

過了一段時間（伊姆加德・科伊恩經歷不幸的愛戀，草草嫁給另一個人），1931 年她的長篇小說《居娥吉，我們之一》出版，使她一夕成名。大好前途的開端，但是兩年後就被納粹粗暴地中止，焚書加上禁寫令。伊姆加德・科伊恩──勇敢或鹵莽──和納粹政權爭執，提起損失賠償訴訟。蓋世太保逮捕她，審問她，她的父親是個有影響力的工業家，讓她得以獲釋。伊姆加德・科伊恩於是離開德國。1936 年她流亡，起初到比利時，然後到荷蘭。她在奧斯坦德（Ostende）認識約瑟夫・羅特，她心目中的偉大愛情，他們一起旅行、寫作和飲酒，然而卻無法長久，兩人分手，羅特在一年之後去世。

德國人入侵荷蘭，伊姆加德・科伊恩回到科隆，在那裡沒被認出來，度過戰爭時期。接下來的才是悲劇：她又寫了一部長篇小說，幾乎沒人在意，沒人記得從前的那個神童。她生了個女兒，從未曾說出誰是孩子的父親。她吃藥，喝太多太多酒，一貧如洗，孤單一人。然後 1979 年伊姆加德・科伊恩經歷了短暫的回歸：她的著作被重新出版，她接受訪問、朗讀作品，著實受到追捧，她簡潔地說：「老天，我又不是女演員娜芙。」但是她不再寫作。

## 小道消息

二十六歲還可以被稱為文學「神童」嗎？伊姆加德・科伊恩顯然抱持懷疑，就在出版第一本長篇小說的時候，乾脆讓自己年輕五歲。

於是她就差不多和書中女主角一樣年紀──重要人士如圖侯斯基鑑於她那麼「年輕」就讚美她的天賦：「要是她再工作一陣，旅行一回，經歷偉大的愛情，有個平常人為伴：那麼這個女人可以是號人物。」

就連在晚年，她都愚弄眾人：她一再宣稱要寫自傳，甚至連書名都想好了：「空號」。不過在她死後，還真的找到幾行文字。

慕尼黑玻璃宮
被燒毀

1931

《居娥吉，我們之一》
伊姆加德・科伊恩

《悲悼得像厄勒克特拉》
歐尼爾

## 作品

在她的處女作《居娥吉，我們之一》之後，隔了一年就出版《人造絲女孩》，同樣是暢銷書。這些後來被納粹鄙稱為「瀝青文學」的作品是充滿機智的大都會小說，在國外也受到重視。女主角們是平凡的年輕女性，想要主掌自己的生命──剛好切中時代精神。伊姆加德・科伊恩在流亡時繼續寫作，好比《午夜之後》（1937）描寫在納粹獨裁下的日常生活，追隨者、告密者以及無知者，還有年輕的珊娜，她決定要逃走。

她一共寫了七部長篇小說，最後一部《善心的費狄南》發表於 1950 年。

### 📖 《居娥吉，我們之一》

居娥吉十九歲，知道自己想要什麼：獨立自主──無論如何都要達到這個目標。一切都很順利：她有個打字員的工作，有自己的房間，偶爾也和男性約會，但是沒想過結婚。她絕對不會讓自己的一生就綁在爐子邊。但是後來她認識了馬丁，起初是一段不錯的戀愛，結果：居娥吉無可救藥地愛上馬丁，可是他既沒錢也沒工作。她試著讓馬丁走上正道，沒有成功。然後，天啊，她懷孕了！她的獨立自主美夢破碎了。她已從老朋友漢斯身上看到，要是必須養育孩子，生活會有多困難。

這期間居娥吉得知自己是被收養的孩子，振作著承受這個事實，她先找到某個疑似生母的人（女酒鬼），之後才認識真正的生母。

剛好她很有錢，居娥吉需要錢好幫助漢斯。最後居娥吉打消最初的墮胎計畫，然後搭上前往柏林的火車，好在柏林重新開始。

## 名言

> 也許她之後能在巴黎或是柏林開一家小小的時裝店，也許，也許，哎呀，她還年輕，除了結婚、電影演員和選美皇后，她考慮各種生存方式。

## 還有更大膽的

她在五個月內打完小說之後，就搭車前往柏林，物色一家出版社。伍尼維西塔斯（Universitas）出版社就在她租屋處轉角，於是她抱著手稿走到出版社。「我這裡有本很棒的書，您可以擁有版權，但有個條件，我要在後天之前收到回覆。」第二天下午她就收到答案，出版人沃夫岡・克呂格給她一份合約並預先支付 400 馬克。

## 大同小異

從閃耀之星到被人遺忘──幾個柏林女作家也有相同命運：嘉布里耶拉・泰爾吉特（請見第 67 頁）同樣以首部長篇小說《凱瑟比爾征服選帝侯大街》受到推崇。她在 1933 年逃離納粹德國，之後就無法再度成功。但是她的晚年比起科伊恩沒那麼悲慘。

# 維塔・薩克維爾－韋斯特 Vita Sackville-West

1892-1962 年，英國

維塔・薩克維爾－韋斯特在 1922 年認識維吉尼亞・吳爾芙，改變命運的一場相遇。維吉尼亞因維塔的美貌而陶醉，維塔傾倒於維吉尼亞的特質。在給丈夫哈羅德的信中，她著迷地寫道：「她的穿著真可怕，而且她年紀相當大。」哈哈。維吉尼亞四十歲，維塔年輕十歲，但是維吉尼亞的心理脆弱，維塔卻像暴風雨一般闖蕩自己的生命，毫無顧忌，充滿創意而且積極。

她在諾爾莊園長大，這是位在肯特郡的一座巨大城堡，她是脫俗的母親唯一的孩子，母女倆夏天的時候在南歐度過，參加精緻的宴會。維塔年輕的時候就寫詩，還寫了一部長篇小說。她自覺受到女性吸引，但是二十一歲的時候卻和同性戀的外交官哈羅德・尼克森結婚。一樁幸福的婚姻，兩人喜歡對方，也彼此珍惜，雖然／或者正因兩人總是情史不斷。只有一個條件：婚外情的對象必須是同性。*

兩人的第二個孩子出生後不久，維塔就和情人薇歐蕾暢遊法國。但這並不是唯一的一段愛情故事，維吉尼亞・吳爾芙很快也和維塔發展出戀情。她們的關係維持了三年，定不下來的維塔再也無法停留在這段關係當中。維吉尼亞因為戀情結束而痛苦，將她的小說《歐蘭朵》（請見第 63 頁）獻給維塔，讓兩人的友誼得以保持。

維塔・薩克維爾－韋斯特結合熱情和責任的方式令人訝異：她到外國探訪丈夫，管理雙親的城堡，還有她自己的住處西辛赫斯特城堡（Sissinghurst Castle），偶爾也關心一下兒子們，舉辦社交活動——還要寫作。

## 小道消息

維塔・薩克維爾－韋斯特不僅以作者的身分而聞名，她也是個知名的庭園設計師。1930 年她買下西辛赫斯特城堡，就在諾爾莊園邊上。她讓人整建這座廢墟，其中有許多荒蕪的土地。哈羅德和維塔把這個地方變成全世界最知名的花園之一。

## 作品

維塔・薩克維爾－韋斯特是個多產作家，她的書頗受當時讀者的歡迎，留下十一部長篇小說，此外還有記述小說、傳記和詩作，以及七本庭園設計書籍。

### 📖 《熱火燃盡》

絲蘭女士的丈夫過世時，她已經八十八歲。她的孩子們早就知道要怎麼照顧母親（以及分家產），但是老太太有自己的計畫，也是她一生當中首次貫徹自己的計畫。她租了一座鄉間小屋，只接待精選的訪客，結交各種不同的男性，其中包括一個年老的仰慕者，對方把所有財產遺贈給她。出乎孩子們的意料，絲蘭女士把所有財產留給國家，讓她的孫女深受觸動，以致於解除婚約，好自主決定自己的生命。

---

*維塔的小兒子奈傑是政治家和作家，在她母親死後發表了一本傳記，根據雙親的日記，以及維塔與哈羅德的往來書信為基礎，描述兩人的開放婚姻。《婚姻肖像》（1973）引發醜聞——也是本暢銷書。

# 賽爾達·費茲傑羅 Zelda Fitzgerald

1900-1948 年，美國

在咆哮的 1920 年代，「浮浪女孩」（flapper girls）征服夜生活：年輕女性穿著短裙，短髮，拿著長長的菸嘴，獨立，渴望生活。她們喝酒，在爵士俱樂部裡跳舞，談戀愛，化妝引人注目，甚至還開車！賽爾達是「浮浪女孩」的無冕女王，起初是她家鄉阿拉巴馬州蒙哥馬利市的「魔力女孩」（It-Girl），之後征服紐約人。

——

**我尤其想要愛情，順便生活。**

她二十歲時和史考特·費茲傑羅結婚，兩人是社交場合的那對夢幻夫妻：年輕，漂亮，出身高尚，總追尋冒險。他們在法國生活一陣子，那裡沒有禁酒令，而且生活花費也比較便宜。他們在巴黎認識海明威，史考特和他成為好友。賽爾達和這個著名的作家卻互相看不順眼，他覺得賽爾達頑固，賽爾達擔心他對丈夫的不良影響。史考特也確實越來越依賴酒精。

1925 年，賽爾達和史考特在昂蒂布角（Cap d'Antibes）租了一間別墅（使他們成為最初的海灘遊客），舉辦熱鬧的宴會。要是缺錢，史考特就趕快寫幾則短篇小說——經常藉著他太太的協助。或者他乾脆就用自己的名字發表妻子寫的故事，因為這樣賺比較多錢。賽爾達當然討厭他這麼做，也痛恨他利用她的日記來寫作，還拿她的自殺嘗試當題材，寫出她和一個法國飛行員的戀愛故事。

這是一段超車人生，太多酒精，太多宴會，太多毒品，一切都太多了。賽爾達罹患心理疾病，夢幻婚姻變成惡夢，1930 年她精神崩潰，必須一再接受心理治療。雖然她不再和史考特一起生活，他們依舊維持著婚姻關係，甚至互相寫情書。賽爾達在丈夫死後八年去世，死於神經病院的一場火災。

### 《為我留首華爾滋》

被寵壞的南方美女阿拉巴馬·貝格絲和畫家大衛·奈特結婚，他很快就成為炙手可熱的藝術家。他們在紐約被視為光彩奪目的一對，直到阿拉巴馬意外懷孕。他們帶著女兒搬到地中海岸的里維耶拉，阿拉巴馬在那裡感到非常無聊，她丈夫的事業卻蒸蒸日上。和一個法國士兵談戀愛也沒有幫助，但是後來阿拉巴馬喜歡上芭蕾舞，她想成為舞者，接受許多訓練，以及秉持鋼鐵般的意志，她真的獲得合約。但是她的腳受了傷，夢想破滅。最後她和丈夫及孩子回到美國，因為她的父親壽命將盡。

### 小道消息

賽爾達·費茲傑羅唯一的一部長篇小說，當然有強烈的自傳色彩，原本更加激情，但是出版商在出版前詢問史考特的意見，他於是把小說做大幅更改，刪掉整整三分之一的篇幅。不用賽爾達原本設定的書名《救我》，而是《為我留首華爾滋》。

# 特別精選
快速瀏覽女作家生平

## 黎卡達・胡赫
### Ricarda Huch
### 1864-1947 年，德國

在德國，女性直到 1900 年才得以常規上大學。黎卡達・胡赫為了上大學必須前往蘇黎世。此時正是時候，由於她和姊夫里查發生戀情，她在家鄉布朗史威格（Braunschweig）被說閒話。黎卡達從遠方愛著里查，專注在學業上。1892 年她獲得歷史學博士學位，擔任圖書館員和教師的工作，一邊寫作，主要寫詩，也撰寫歷史記述小說及事件小說（最著名的是《胡格諾教派女信徒》，1932）以及長篇小說。1907 年，她真的嫁給深愛的里查，但是婚姻（是她的第二段）短暫而且不幸。

## 奈歐・馬許
### Nagio Marsh
### 1895-1982 年，紐西蘭

奈歐・馬許在她的祖國紐西蘭是劇場演員和畫家，也撰寫報紙文章，最後開始寫長篇小說。但是直到和好友一家搬到倫敦後，她才認真地寫作。她的第一部犯罪小說《死期不遠》（1934）就讓偵探羅德里克・艾林登場，貴族，滿口莎士比亞，也是她總共三十二部長篇小說的主角。

奈歐・馬許成為暢銷小說家，但不止於此：她也以劇場導演聞名，1966 年甚至被依莉莎白女王封為貴族。劇場的工作對她越來越重要，遠超過她的犯罪小說，她也經常結合二者，讓她的偵探到劇場裡去查案。她住在紐西蘭和英國，在基督城過著舒適平靜的生活，在倫敦則開著捷豹跑車，和重要人士共進晚餐。

---

《人猿泰山》
（韋斯穆勒主演）

希特勒奪權　　柏林焚書

**1932**
《胡格諾教派女信徒》
黎卡達・胡赫

**1933**
《愛的開始》
瑪麗亞・露易瑟・卡緒尼茨

**1934**
《死期不遠》
奈歐・馬許

## 瑪夏・卡列寇
### Mascha Kaléko
#### 1907-1975 年，波蘭／奧匈帝國

在上個世紀的黃金二〇年代，柏林的「羅馬咖啡」是藝術家和知識份子的聚會所。埃里希・凱斯特納、戈特弗里德・貝恩、貝爾托特・布雷希特、伊姆加德・科伊恩、史蒂芬・褚威格、埃蒙瑟・拉斯克－胥勒和馬克斯・利伯曼——這些人都是常客。瑪夏・卡列寇在這裡也覺得舒適自在，她在法國之旅後寫道：「巴黎是美麗的城市，很美，但是生活，生活要在柏林。」她對於秘書的工作感到無聊，1929 年在柏林報紙上發表最初的詩作。她描述大都市裡小人物的日常生活，有點揶揄，有點哀傷，讀者很受用。出身加利西亞（家族直到 1914 年才搬到德國）的女猶太人，成為柏林藝術家圈子的明星。但是納粹收緊網子，她只得逃走。瑪夏・卡列寇和第二任丈夫，一位波蘭指揮家，以及他們的孩子一起前往紐約，她光明的職業生涯提前告終。但是在戰後她得以短暫回歸：德國羅沃特（Rowohlt）出版社出版她的著作，在德國相當受到歡迎。但是瑪夏再也不覺得那裡是家鄉，空氣中還瀰漫著太多納粹氣息。她和丈夫前往以色列，在那裡也不覺得快樂。

## 瑞蓓卡・衛斯特
### Rebecca West
#### 1892-1983 年，英國

西瑟麗・費爾菲爾德（Cicely Fairfield）知道自己想要什麼，以及能做什麼。起初她想成為演員，給自己取了個藝名叫瑞蓓卡・衛斯特（取自易卜生戲劇當中叛逆女性角色），為重要的報紙撰寫文學批評，使她受到許多作家的尊敬。她在十九歲的時候遇到四十六歲（已婚）的科幻小說作家赫伯特・喬治・威爾斯，兩人發展出激烈的戀情，分別自稱為「豹子」（Panther ＝衛斯特）和「美洲豹」（Jaguar ＝威爾斯）。瑞蓓卡懷孕，生了個兒子：安東尼・潘特・衛斯特（Anthony Panther West）。和兒子之間的關係——輕描淡寫說來——有點問題。仍是幼童的安東尼幾乎見不到母親，直到他九歲都以為生母及威爾斯是阿姨和叔叔。後來安東尼和瑞蓓卡展開相當醜陋的泥巴戰，情勢的惡劣巔峰就呈現在安東尼的影射小說《傳承》中——他和母親的清算。

瑞蓓卡・衛斯特著作等身：長篇小說、傳記、短篇故事、記錄文字、政治研究以及短論。1946 年她以記者身分被派去記錄紐倫堡大審。她許多書都是暢銷小說，今日卻已經被遺忘。

---

| 紐倫堡種族法<br>頒布 | 第一個<br>飲料瓶 | | 倫敦水晶宮<br>燒毀 | 愛德華八世<br>為了辛普森夫人放棄王位 |
|---|---|---|---|---|
| | | **1935** | | **1936** |
| 《成人看的小讀本》<br>瑪夏・卡列寇 | 《巴黎之家》<br>伊麗莎白・包溫 | | | 《思考的蘆葦》<br>瑞蓓卡・衛斯特 |

米契爾
南方美人

# 瑪格麗特 · 米契爾 Margaret Mitchell
1900-1949 年，美國

年輕的瑪格麗特·米契爾就已經熟知悲劇和激情：她的摯愛死於第一次世界大戰，不久後她的母親死於西班牙流感，瑪格麗特太晚趕到母親的病床前，就像郝思嘉。二十一歲時，她嫁給風一般的魅力男貝里恩·阿普修，人稱「瑞德」（！）。

——

**女人讚嘆大膽的征服者，卻嫁給粗魯的駐衛兵。**

這段婚姻並不幸福，瑞德常動粗，兩年後瑪格麗特離婚，嫁給瑞德的朋友約翰·馬爾緒，一個值得敬愛、細心的男人（是的，讓人想到衛希禮）。

她在《亞特蘭大報》當記者，發生了騎馬意外而必須暫停工作。約翰得從圖書館背好幾公斤重的書回家，以免太太覺得無聊。最後他問瑪格麗特：「與其讀上千本書，你不能自己寫本書嗎？」然後直接幫她買了一台旅行用打字機。瑪格麗特確實開始寫作，她辛苦地用兩根手指打字，一章接著一章，持續了十年才完成這部長篇小說。瑪格麗特並沒想到要出版，其中有太多個人經歷，太多和瑞德有關的事情，而且她根本覺得這本書不

夠好。不過她終究放手一搏，《飄》一下子就成功了，光是在美國，出版最初三個月就賣出一百萬本。一年之後，瑪格麗特·米契爾獲頒普立茲獎，1939 年這部著名的電影上映。

這是她唯一的一本著作。她招架不住突如其來的名聲，花了很多時間回覆粉絲的郵件，以及投身善心事業。瑪格麗特·米契爾死時年方四十八，被一個酒駕的計程車司機撞死在馬路上。

## 小道消息
從她上大學開始，瑪格麗特·米契爾就只自稱珮琪——從飛馬（Pegasus）這個字而來，啟發詩人的神馬。瑪格麗特／珮琪為了大學課業需要而寫過的幾篇戲劇和記述小說，顯然很早就和寫作緊密相連。

## 📖 《飄》
美得難以置信卻又自行其是的郝思嘉，愛上非常無趣的衛希禮，雖然她能擁有十分迷人又風趣的白瑞德。而衛希禮卻早已知道郝思嘉和他門戶不對，於是在一次花園宴會中宣

布訂婚，對方是同樣非常無聊的梅蘭妮，郝思嘉出於固執，接受了梅蘭妮非常無聊的哥哥查爾斯求婚。

但是接著爆發了美國內戰，意味著無數痛苦（查爾斯死亡，衛希禮罹患創傷症候群，一切都崩壞），張力和激情（郝思嘉和白瑞德或者還是不要）。

郝思嘉出於財務因素嫁給另一個人，他也過世了。她還想著衛希禮，最終依舊嫁給白瑞德。即使如此還不是好結局，因為郝思嘉畢竟寧可要衛希禮，不斷和瑞德發生爭吵。他們的女兒邦妮因為騎馬意外死亡，高低起伏的劇情一幕接一幕。

郝思嘉終於認清自己愛的是白瑞德，白瑞德卻已經受夠了（「說實話，我親愛的，我他媽的才不在乎」＊），於是離開了她。

## 名言

> 明天又是嶄新的一天。

郝思嘉不想做決定的時候總是這麼說，這也是小說的最後一個句子——給淚眼婆婆的讀者帶來希望，希望迷人的白瑞德終究回心轉意。

## 小道消息

「明天又是嶄新的一天」也是最初的小說書名。瑪格麗特·米契爾也考慮過用「負起重擔」。郝思嘉原本應該叫潘希，郝家的莊園起初叫豐登諾矣庭園。一切都經過變更，幸好，「我以塔拉的紅土發誓，不管是我或是我的家人，都不須再受飢餓所苦。」聽起來就很對勁。

## 更多戲劇性！

這本書的電影改編過程本身就是部長篇小說。難以置信地耗費工夫，而且是非常昂貴的企劃。找了兩年才找到主角演員（為了郝思嘉的角色，共有 1,400 名演員經過試鏡），多次更換導演，不同的劇本作者試著改編原著（其中包括史考特·費茲傑羅，兩個星期後就被開除）。但是一切都值回票價：電影贏得八項奧斯卡金像獎，賺進大筆票房。

## 大同小異

不幸的愛搭配歷史頗受歡迎，好比：安瑪麗·賽林柯的《黛絲蕾情史》（不幸的愛和拿破崙——媚俗但是很美！）。

---

＊製作人大衛·賽爾茲尼克無論如何都想讓這句話出現在電影裡，甚至樂於為這句髒話支付 5,000 美元的罰金。

# 上上下下
## 作家生涯劇場

### 寫作瓶頸

無法承受
〔……〕女作的成功。
（瑪格麗特・米契爾）

暫停一回

**30**

# 好結局

名聲、榮耀、財富

### 好丈夫

你的摯愛樂於放棄溫熱
的一餐，好讓你能寫書。
（朱迪絲・克爾）

←前進兩格

### 強勢的男人

你的伴侶覺得女人就該下廚
煮飯。（雪維亞・普拉絲）

暫停一回

**19**

**2**

### 愛情令人心痛

你被摯愛拋棄，
〔……〕試著殺死自己。
（英格柏・巴赫曼）

暫停一回

### 獎項

你兩次獲頒曼布克獎。
（希拉蕊・曼特爾）

### 好丈夫

你嫁給仰慕者。（伊莉莎白・
巴雷特・白朗寧）

→前進一格

### 強勢的男人

〔……〕的丈夫想獨佔名聲，把
〔……〕的故事掛上自己的名字
〔……〕。（賽爾達・費茲傑羅）

### 暢銷書

你寫了《哈利波特》。
（J. K. 羅琳）

**8**

### 政治

你必須躲避軍政府。
（伊莎貝・阿言德）

**5**

### 暢銷書

讀者喜愛每本書——重點是
貴族加上平民＝好品味！
（黑德維希・庫爾茲－馬勒）

→前進五格

巴恩斯
被遺忘者

# 朱娜‧巴恩斯 Djuna Barnes
1892-1982 年，美國

又是一個在巴黎的美國人：朱娜‧巴恩斯於 1919 年來到巴黎，進入葛楚德‧史坦和娜塔莉‧克利佛爾德‧巴尼的沙龍，並和後者談戀愛，針對城裡的女同志圈寫了篇諷喻文（《阿曼娜克女士》，1928）。她和整個「迷失的一代」都熟識，是唯一能以「吉姆」稱呼詹姆斯‧喬伊斯的人──其他人都不敢這麼做。

──

生命充滿痛苦，卑鄙又短暫，以我的情況來說只是痛苦和卑鄙。

朱娜‧巴恩斯之前住在紐約，是個記者，寫了幾篇引發議論的報導。她和一個劇評家有過短暫的婚姻關係，和男、女性談過幾場戀愛。她在巴黎認識塞爾馬‧伍德，一個美國藝術家。她們同居，以情侶身分過著幸福而且輕鬆自在的生活，至少是短時間內。但是就像許多巴黎左岸的戀情，這一對也破裂於過多酒精，以及雙方的多次出軌。最後塞爾馬和新的情人回到美國。朱娜很痛苦，她從巴黎搬回紐約，後來又搬到丹吉爾（摩洛哥）、英國，

之後又回到巴黎，1939 年永遠落腳紐約。貧窮、孤單、憂鬱，她住在一個單間公寓，接受老朋友佩姬‧古根漢的資助。朱娜‧巴恩斯對自己的評語是：「我是世界上最有名的無名氏。」她活到九十一歲。

## 作品

朱娜‧巴恩斯十八歲的時候就寫詩，後來寫作短篇小說和單幕劇。她以女記者的身分闖出名號，因為她不僅觀察，還總是參與其中而毫不畏懼：她爬到大猩猩的籠子裡，讓自己接受急救練習，被強迫餵食只為了報導絕食抗議。

她的第一部長篇小說《萊德》發表於 1928 年（1986 年才被翻譯成德文！），《阿曼娜克女士》同樣長時間沒人想出版──太多同性情慾！她最重要的長篇小說當數《夜林》（1936，她寫作本書多年），之後她還寫了劇本《交替聖歌》（1958，相當複雜、而且是無韻詩！）、記述小說和詩。

### 📖 《夜林》

羅蘋・佛特嫁給假男爵費利克斯・佛克拜，生了肢障的孩子，羅蘋跑到美國，和誘人的諾拉・福洛德大談戀愛。兩人前往巴黎，羅蘋持續折磨愛人，因為她和其他女性調情，整晚不在家，最後和討人厭的寡婦珍妮展開戀情。諾拉無法承受失去愛人的痛苦，最後沒有人和另一個人獲得幸福，所有的人都感到壓抑而不幸。

### 名言

> 我們只是風中的軀殼，抗拒死亡的肌肉。我們沉睡在自我指責的塵土之中。

巴恩斯創造了自己的語言宇宙，對許多人而言一直是個難以穿透的語句交錯叢林，而其中意義難以理解。

### 迴響

這本書陰鬱、超乎尋常，一點都不容易讀，巴恩斯長時間都找不到出版社。最後艾略特同情她，讓他在倫敦的出版社發行《夜林》（縮短三分之一）。艾略特在前言裡已經為讀者做好心理準備，表示這本書必須多讀幾遍才能理解。銷售數量起初平平，慢慢才受到前衛人士的崇拜。

### 小道消息

朱娜・巴恩斯在這部長篇小說當中處理她和塞爾馬・伍德的關係，對方正是羅蘋・佛特的原型，朱娜則是以諾拉・福洛德的角色而成為永恆。《夜林》是公開、明確討論女性性關係的最初幾部小說之一。

### 多才多藝

她不僅能寫作，還能畫畫！朱娜・巴恩斯為許多文章畫插圖，經常採用英國藝術家奧布里・比爾茲利的畫風。不過她也畫人像，好比帶著眼罩和山羊鬍子的詹姆斯・喬伊斯。

《摩登時代》
（卓別林）

1936

《黑暗邊界區》
安伯勒

《夜林》
朱娜・巴恩斯

《牙買加客棧》
達夫妮・杜穆里埃

白列森

女農

# 凱倫・白列森 Karen Blixen

1885-1962 年，英國

凱倫・狄尼森二十七歲的時候和遠親布洛爾・白列森－芬涅克訂婚，他喜歡狩獵大型野生動物，想要移民到肯亞，正合凱倫的心意。她覺得丹麥的生活太枯燥，太狹隘，在非洲的農場，挺好的！布洛爾（用未婚妻家族的錢）買下一個咖啡農場，位在奈洛比南方，兩人在蒙巴薩舉行婚禮——目前為止一切順利。但是後來察覺，這個農場所在的區域完全不適合種植咖啡。凱倫嘗試不可能的任務，布洛爾則以狩獵旅行和妓女取樂。這期間，他把梅毒傳染給妻子，當時以汞來治療，結果凱倫終生都受遺毒所苦。

七年婚姻之後，凱倫和布洛爾離婚，與一個聰明的英國人丹尼斯・芬奇・哈頓談起一場轟轟烈烈的戀愛。凱倫試了十七年，想讓她的農場能夠產生經濟效益，但就是不成功。1931 年她出售土地，回到丹麥，把時間都花在寫作上。

## 作品

在她前往非洲之前，凱倫・白列森就發表過幾篇記述小說，但是她的突破之作是她返歐之後的《七個奇幻故事》（1934）。短篇小說是她最愛的寫作形式（尤其知名的是《芭比的盛宴》，1958）；她只寫了一部長篇小說（《天使復仇者》，1944）。

## 📖 《遠離非洲》

> 我在非洲有座農莊，就在昂山山腳下。

凱倫・白列森最著名的書以這句話展開，不是長篇小說，只是她對肯亞時光的記憶。書中描述經營農場的困境，和當地原住民的關係，以及尤其是她對非洲的愛。

## 名言

> 四面八方的視野遼闊且無邊無際。大自然的一切都趨向偉大、自由和高貴。

凱倫・白列森以不同筆名發表文字：歐瑟歐拉（Osceola 印第安女酋長）、皮耶・安德雷澤（Pierre Andrézel）或彼得・洛樂斯（Peter Lawless）。許多書是以伊薩克・狄尼森（Isak Dinesen）為名發表，在德國則主要以譚雅・白列森（Tania Blixen）而聞名（譚雅是她兒時的暱稱）。

| 《布蘭詩歌》（奧夫） | 喬治六世登基為英國國王 | 《格爾尼卡》（畢卡索） | 興登堡號飛船起火燃燒 |
|---|---|---|---|

1937

| 《遠離非洲》伊薩克・狄尼森 | 《幻想旅途書信》莉亞・戈德堡 |
|---|---|

《遠離非洲》，1937 年

# 達夫妮・杜穆里埃 Daphne du Maurier

1907-1989 年，英國

道地的 1930 年代美女：水波般的秀髮，勻稱的臉蛋，珍珠項鍊——達夫妮・杜穆里埃大可以在她的小說改編電影當中演主角。達夫妮是出身倫敦上流世家的女孩，還很年輕的時候就寫作最初的短篇故事。她同樣也很早就決定要住在康瓦爾，她的家族在那裡有座度假屋。她也在這裡認識未來的丈夫：佛瑞德里克・布朗寧是個將軍，非常喜愛她的第一部長篇小說《愛的精神》（1931），當然也很喜歡她本人。這份愛是雙向的，她直接向他求婚。他們和三個孩子就住在恢宏的梅納比利莊園（Menabilly）二十多年（這座莊園後來也成為曼德利莊園〔Manderley〕的原型）。身為年輕女皇的個人財務總管，佛瑞德里克收入頗豐，但是高昂的生活水準（莊園、旅行、遊艇、私人教師）之所以能維持，全是靠達夫妮寫出一本又一本的暢銷書。

她七十歲出頭時再也想不出要寫什麼故事，於是憂鬱不已，對藥物上癮。

## 小道消息

外界看來，達夫妮・杜穆里埃過著完美生活：很棒的房子，漂亮的孩子，可親的丈夫。但是佛瑞德里克在戰後變了一個人，她以不斷戀愛來安慰自己——男女戀人都有。她很早就知道自己有同性戀傾向，但是她總是壓抑著這種想法。她自稱是個「關在盒子裡的男孩」。

## 作品

達夫妮・杜穆里埃寫了十八部長篇小說，最著名的是《牙買加客棧》（1936）和《蝴蝶夢》（《瑞蓓卡》，1938）。此外還寫了幾部劇本、專業書籍、童書，當然還有短篇小說，好比〈鳥〉（1952）——因為希區考克於 1963 年改拍成電影而令人難忘。全球知名的電影《威尼斯痴魂》也是以達夫妮・杜穆里埃的短篇故事改編而成。緊張＋愛情＋神祕——這是作者的成功配方。

### 📖 《蝴蝶夢》／《瑞蓓卡》

第一人稱敘述者（年輕，涉世未深）是馬克辛・德溫特（較年長，充滿神祕）的第二任妻子。馬克辛帶她到他的曼德利莊園，要融入當地的生活並不容易，因為到處隱伏著神奇瑞蓓卡的幽魂——馬克辛的第一任妻子，神祕地死於一次遊艇意外，馬克辛指認了她的屍體。

特別是女管家無法接受新的德溫特太太，讓她的生活宛如地獄。這時潛水者偶然發現一具屍體：瑞蓓卡（這次是真的）。馬克辛向妻子坦承事實：他殺害了瑞蓓卡，因為她欺騙了他，兩人反正從未相愛。法院搜查的時候發現瑞蓓卡得了絕症，這個案件就被當成自殺結束。呼！馬克辛和妻子回到曼德利莊園，莊園卻正好起火燃燒。

| 第一部<br>影印機 | 發現<br>核子分裂 | | 西班牙<br>內戰結束 | 第二次世界大戰<br>爆發 | 暗殺希特勒<br>（埃爾瑟） |

1938
《瑞蓓卡》
達夫妮・杜穆里埃

1939
《芬尼根的守靈夜》
喬伊斯

# 卡森・麥卡勒斯 Carson McCullers

1917-1967 年，美國

她看起來總是像個好學生和壞女孩的混合體：梳直的馬尾，俏鼻子，挑釁的眼神，喜歡在手上拿根菸。露拉・卡森・史密斯（Lula Carson Smith）知道自己想要什麼，就是成為作家。高中的時候她就寫作記述小說和劇本，十九歲的時候第一次把寫的故事賣給雜誌社。

前途遠大的年輕作家，但是——太常見的情況——發生悲劇：卡森從幼童時期就受風溼病所苦，她的健康狀態每況愈下。二十多歲中風，幾年之後又發生兩次。卡森半身不遂，必須一再進醫院。她的愛情生活也充滿戲劇性：和利夫斯・麥卡勒斯的婚姻從一開始就很複雜。四年之後離婚，過了四年又再次結婚。這段期間卡森愛上了一個女人，但是沒有結果。利夫斯在 1953 年自殺。雖然生命多波折，卡森・麥卡勒斯繼續寫作，直到她發生第四次中風死亡——年僅五十歲。

> 我們最常對從未知曉的地方有著鄉愁。

## 小道消息

雖然有自信，卡森有點天真。她原本想到紐約學音樂，租了一個公寓，卻沒注意整棟房子都是（非法）妓女。她剛認識的一個人告訴她怎麼去茱莉亞音樂學院，樂意幫卡森保管錢包，可惜這個人不久就消失無蹤。後來卡森的朋友田納西・威廉斯很喜歡訴說這件軼事——還加上後續，據說卡森花了好幾個星期才找到原本租的公寓所在。

## 作品

她的首部（也是最重要的）長篇小說《心是孤獨的獵手》發表時，卡森・麥卡勒斯才二十三歲，被捧成文學神童。她的著作全集一目了然：四部長篇小說，兩部事件小說，此外還寫了詩和短篇故事。她是個完美主義者，會把一些篇章不斷改寫，直到她滿意為止。她的最後一部長篇小說《沒有指針的鐘》（1961）整整花了八年。

### 《心是孤獨的獵手》

喬治亞，1930 年代末期：聾啞人約翰・辛格向凱利家租了個房間。凱利家十三歲的女兒蜜克和辛格成為朋友，其他人也受到他的吸引：被辛格收留的流浪漢傑克・布朗特，鰥夫必福・布蘭儂，還有黑人醫師班乃迪克・克普蘭都經常來拜訪辛格。雖然他又聾又啞，卻似乎都在傾聽他們說話，而且理解他們。這中間主要角色承受許多打擊（包括疾病、入獄、情傷），最後約翰・辛格自殺。友善的聾啞人才是最受生命失去意義打擊的人。

塞格斯
社會主義者

# 安娜·塞格斯 Anna Seghers
1900-1983 年，德國

德國流亡文學的英雄，後來更成為東德的典範，誕生在美茵茲，原名內緹·萊靈（Netty Reiling）。她父親是個富有的猶太藝術商，內緹享有絕佳的學校教育環境，她在海德堡研讀藝術史。她和匈牙利人拉茲洛·拉德萬尼結婚，一起前往柏林，生了兩個孩子，加入共產黨。此外，她一邊以筆名安娜·塞格斯＊寫作，而且立刻有所斬獲。一切似乎都很完美，直到納粹掌權。身為明目張膽的法西斯主義反對者，安娜·塞格斯被逮捕、審訊，接著受到監控。除了逃亡，她沒有別的出路。一家人起初逃到瑞士，然後抵達巴黎。德國軍隊進入巴黎，拉茲洛被捕，安娜帶著孩子逃到南法。1941 年，他們一家終於得以一起從馬賽移民到墨西哥。

戰爭結束，安娜·塞格斯回到德國，刻意決定住在東柏林。她加入德國社會統一黨，成為東德作家協會的理事長，直到逝世都是忠於路線的社會主義者。她的出版商瓦特·楊卡被控陰謀叛國，判刑監禁十年，安娜·塞格斯完全沒有表示異議，她的作家朋友史蒂芬·赫姆林表示：「她在該說話的時候卻保持沉默。」一些東德作家抗議沃夫·畢爾曼

被剝奪公民權的時候，塞格斯也沒有加入抗議。她對匈牙利暴動、布拉格之春都沒有吭聲，反而為鎮壓 1953 年 6 月 17 日抗議活動緩頰。她有時在幕後表示意見，卻從不曾批評社會統一黨政權。社會主義是她一生的夢想，這個夢想在東德變成獨裁是她不願承認的事實。

## 作品

她的第一本作品，記述小說《聖巴巴拉的漁夫起義》（1928）就很成功：安娜·塞格斯因此獲頒克萊斯特文學獎。她的第一部長篇小說《夥伴》（1932）發表於希特勒掌權前幾個星期，第二部長篇小說《懸賞》（1933）則須由阿姆斯特丹的流亡出版社發表。她在流亡時的經歷，為家族爭取護照、不安及憂慮，這一切都被她寫成《跨界》（1944）。她在流亡期間還寫了她最著名的長篇小說《第七個十字架》。在她返回德國之後不久，安娜·塞格斯就獲頒畢希納文學獎。

## 《第七個十字架》

1937 年，七個男人逃出集中營，指揮官把

白玫瑰組織建立
（反納粹團體）

《北非諜影》
首映

展開史達林格勒
戰役

《白色聖誕》
（克羅斯比）

1942

《第七個十字架》
安娜·塞格斯

《棋局》
楮威格

《第七個十字架》，1942 年

七棵梧桐樹修成十字架（砍掉樹冠，架上橫桿），發誓要在七天內把七個逃犯吊死在上面。

所有逃犯確實都被抓到，或是在逃亡途中死亡，除了一個逃犯：葛歐格·海斯勒。但是在他逃到荷蘭境內自救之前，他必須先經歷磨難的奧德賽旅程。葛歐格無法依賴摯愛雷妮，她已經有另一個情人（偏偏是個納粹份子）。但是許多人幫助葛歐格，讓他搭便車，給他衣服、食物和金錢，一些能拯救他生命的小東西。指揮官最後被解職（也可能自殺身亡，但只是隱喻），七棵梧桐樹被砍掉。

### 名言

> 我們都感覺得到，外在力量影響人有多深、多可怕，深入骨髓，但是我們也感覺得到，我們內在有些什麼難以攻擊，無法傷害。

小說的結尾句子，同時也是最重要的訊息。

### 今日呢？

《第七個十字架》在東德是學生們的必讀教材，塞格斯後來的作品也在東德受到重視。

相反的，西方自由世界卻不太接受她 1950 年以後出版的長篇小說。安娜·塞格斯以偉大的流亡作家聞名全球，除了她流亡時期的小說以外，直到今日，她美妙的記述小說（就連 1950 年代以後的）都值得一讀，好比《克里珊塔》（1950）或是《真正的藍色》（1967）。

### 小道消息

德國的「文學教父」馬歇爾·萊希－朗尼基認為女性只能寫事件小說和詩，沒有能力寫作劇本和長篇小說，除了一個例外，他說：「唯獨有個女作家寫出唯一一本重要長篇小說，也就是《第七個十字架》。」

---

＊內緹·萊靈的博士論文是《林布蘭作品中的猶太人和猶太教》。她在研究過程中結識了一個畫家赫丘里斯·塞格斯，於是就把畫家的姓氏當作自己筆名的姓氏。知名的德國犯罪小說家楊·塞格斯又借用安娜·塞格斯的筆名──向這位女作家致敬（楊的原名馬蒂亞斯·阿騰柏格〔Matthias Altenburg〕，他也推崇自行車選手楊·烏里希……）。

# 從前從前……
## 聞名／優美的首句

第一個句子最重要，是從心裡湧出，而不是從腦子。

伊莎貝·阿言德早就這麼說過。但或許並不一定正確。

達洛維夫人說她想親自買花。
《達洛維夫人》，維吉尼亞·吳爾芙

艾瑪·伍德豪斯，聰明，美麗，富裕，有個舒適的家，快樂的夫妻生活，人生幾項最大的幸福似乎都合而為一，在她將近二十一年的生命當中，只有很少數幾件讓她不安或迷惑的事情。
《艾瑪》，珍·奧斯汀

這是個悶得令人發瘋的夏天，羅森柏格被送上電椅，而我不知道自己在紐約想做什麼的夏天。
《瓶中美人》，雪維亞·普拉絲

昨晚我夢見我又前往曼德利。
《蝴蝶夢》／《瑞蓓卡》，達夫妮·杜穆里埃

里古斯特路四號的德思禮夫婦自傲是正常人，甚至可說非常驕傲。
《哈利波特：神祕的魔法石》，J.K.羅琳

六月的天色漸暗，散發出金紅色的黃昏光芒。
《暴風時代》，夏洛特·林克

我所記得的第一個地方是個遼闊的美麗草原，中間有個明澈的水池。
《黑神駒》，安娜·史威爾

在一個陽光普照的夏季午後，四個女孩坐在網球場邊，喝著檸檬水。
《聖克萊爾的雙胞胎》，伊妮德·布萊頓

他們在湄公河上的小船會面，是三○年代印度支那不相當的一對。
《情人》，瑪格麗特·莒哈絲

在小小的城市邊緣有個荒廢的花園。
《長襪皮皮》，阿思緹·林格倫

許多夜晚，從西方吹來強風，房子就像船一樣哼哼唧唧，在凝重的海裡被拋來拋去。
《故土》，多爾特·韓森

寒冷二月天向晚，兩個紳士坐在肯塔基州 P 城裡一個精美裝潢的餐廳裡，喝著酒。
《湯姆叔叔的小屋》，哈麗葉·比切·斯托

我察覺內在有些什麼了不起的東西升起，是在昨晚大約十二點。
《人造絲女孩》，伊姆加德·科伊恩

我在非洲有座農莊，就在昂山山腳下。
《遠離非洲》，伊薩克·狄尼森

我沮喪地看著鏡中的我。
《格雷的五十道陰影》，E. L. 詹姆絲

我母親開車載我去機場，車窗搖下。
《暮光之城》，史蒂芬妮·梅爾

郝思嘉其實說不上美。
《飄》，瑪格麗特·米契爾

從前有個男孩。
《騎鵝歷險記》，賽爾瑪·拉格洛夫

那天不適合真格去散步。
《簡愛》，夏洛蒂·博朗特

手臂意外發生在詹姆斯十三歲生日前不久。
《梅岡城故事》，哈波·李

布萊頓
孩子們的英雄

# 伊妮德・布萊頓 Enid Blyton

1897-1968 年，英國

她想必是個可怕的母親：沒有愛心，統治慾強，生性傲慢，至少她的親生女兒依莫根在傳記裡這般宣稱。讀過她的書的人其實無法想像，書中都是很棒的孩子，很棒的大人。

———

我對十二歲以上的人的批評根本不感興趣。

真想就這麼一起搭上冒險船，陪著雙胞胎漢妮與南妮一起到寄宿學校去，或是跟著其他角色如史都柏、巴爾尼等人挖掘神祕港灣之謎。總有超級美味的食物（午夜宴會！野餐！罐裝水蜜桃、火腿麵包還有各種蛋糕！），數不盡的冒險，最後至少有個很棒的大人讓後續的事情重回軌道。這樣的作者會是個女暴君？其實難以想像，而且也從未被證實。

伊妮德・布萊頓原本是個教師，但是在二十七歲的時候就放棄了這個職業，好全心投入寫作。她寫了非常非常多的書——尤其是在1940 和 1950 年代，她多產得不可思議（請見第 93 頁）。光是 1957 年她就發表了五十七本書！但是後來她受阿茲海默症所苦——

偏偏是她，她還是個孩子的時候，就以她的記憶力讓眾人驚嘆（她可以看一頁書，接著一字不錯的默寫出來）。1964 年她的最後一本書出版，四年後她死在醫院裡。

## 小道消息

伊妮德・布萊頓不僅是個工作狂，也是效率天才，她還知道如何推銷書，讓自己佔有市場一席之地。她為著作自行找插畫家，讓書有個適當的封面。在每本書上印上作者簽名的點子也源自於她。

## 作品

出版了第一部長篇兒童小說以及幾篇故事之後，布萊頓在 1940 和 1950 年代成為最多產的童書作家，而且幾乎所有的書都變成系列叢書。《五小》、《XX 冒險系列》、《黑色七人》、《XX 謎題系列》、《鹵莽的四小》（原本的《阿諾孩子們》）、《多莉》、《聖克萊爾的雙胞胎》等等。伊妮德・布萊頓總共寫了超過七百本書，達到全球知名的成就（只有美國對她的書沒什麼反應）。*
但是要注意：雖然印著伊妮德・布萊頓的名

1944

字，不一定就是她的作品。她的系列叢書在德國直到 1980 年代都非常受歡迎，使德國作家出於熱愛而繼續創作系列故事。《提娜和提妮》系列甚至是完全由一個德國女作家創作出來。

### 📖 《冒險島》

所有冒險系列的主角是四個小孩：傑克（十四歲，紅髮，有雀斑，熱愛鳥類），露西（十一歲，傑克的妹妹，內向，和傑克長得很像），菲利普（十三歲，喜歡動物，動物也喜歡他），蒂娜（十二歲，菲利普熱情洋溢的妹妹）。此外固定出現的角色：傑克會說話的鸚鵡奇奇。在第一部書中，失去雙親的傑克和露西・泉特在波利家消磨夏季，波利是菲利普和蒂娜的姑姑，還有個奇怪的叔叔喬瑟林，他們住在費森內克，海岸邊上一個有點老舊的房子裡。

孩子們在四處遊蕩的時候，認識了自稱是鳥類學家的比爾・史穆克斯（假名）。比爾其實是個警察，察覺一個偽幣製造集團的活動蹤跡，他們就藏在附近死人島上的廢棄銅礦坑裡。有一天，孩子們也偷偷造訪死人島，因為傑克想在那裡尋找已經滅絕的大海燕。喔喔——他們被罪犯捉住了，只有菲利普脫逃，找到一條地下通道返回費森內克。菲利普和比爾一起解救其他孩子，揭穿偽幣製造者。

### 今日呢？

伊妮德・布萊頓大部分的書對青少年而言沒什麼吸引力，太老式，缺少動作。《五小》系列依然持續受到歡迎，但是現今的系列早已不是原本的布萊頓《五小》。只有最初的

二十一本是由作者親自創作，其他（超過六十部！）都是由德國代筆作家所寫，《雙胞胎》以及《多莉》系列也是一樣（分別有六冊是作者原創）。

《雙胞胎》以及《五小》的故事改編電影賣座也不錯，但是和著作本身其實沒有太大相關（喬治變成肌肉男，漢妮與南妮化妝很誇張，而且隨時抱著手機）。

### 給純粹主義者

真正的粉絲當然會讀伊妮德・布萊頓的原著德譯本——今日卻有些難以下嚥，因為目前版本有太多部分都經過潤飾和調整。「千金難買的好點子」變成「很棒的點子」，「糕點」變成「餅乾」，不再用「你真是個好傢伙」，現在只說「你真的太棒了」。老師不會再賞學生耳光，家事由男孩及女孩分擔，壞人也不一定有著深膚色。對了，就連書名《五小和吉普賽女孩》都被改成《五小和野孩子喬》。這種「政治正確」的改法不僅出現在德國，就連英國也一樣，布萊頓的文字在 1980 年代就被「清掃」過，因為眾口指責她的書帶有種族主義、仇女色彩，並且加深刻板印象。目前英國人又重新愛上他們的成功作家，不再那般狹隘地看待上述一切，單純喜歡這些書的懷舊魅力。

---

＊住宿學校的系列故事一直都是德國粉絲多過英國愛好者。英國最成功的布萊頓系列在德國卻完全默默無名：諾弟是個小木頭人偶，旅行到玩具王國。他在那裡認識了「果利沃」們，當時是非常受歡迎的「黑人娃娃」，在較新的版本當中，被幾個不討喜的玩具角色所取代。布萊頓發表了二十四本「諾弟」叢書，全球銷售二億本。

波希米亞明星　寇萊特

# 寇萊特 Colette

1873-1954 年，法國

後來震驚整個法國，並讓人為之著迷的這個女人，其實一開始進入成年生活並不那麼光彩奪目：西多妮‧加布里埃爾‧克勞丁‧寇萊特（Sidonie-Gabrielle Claudine Colette）二十歲的時候，和年齡大上她一截的花花公子亨利‧高提耶‧維拉爾結婚。亨利欺騙她，不容許她享有任何自由，更無恥地濫用她的寫作才華：他要求寇萊特寫一系列像是便宜小說的年輕女性故事——《克勞丁》（*Claudine*）系列長篇小說（也具有自傳色彩）以她丈夫亨利的筆名威利出版。

他真是個行銷天才，勤快地炒作媒體，而且擁有大膽的商業點子：「克勞丁」變成香水、香菸、首飾、帽子和娃娃的品牌，就連妓女也喜歡用女主角的名字。長篇小說賣得很好，亨利狠狠地賺了一筆。

最後寇萊特受夠了這個男人與這種生活，她和對方離婚，搬去和娜塔莉‧克利佛爾德‧巴尼一起住，她是個美國人，在巴黎開了個沙龍（請見第 65 頁）。這兩人——當然——有短暫的戀情，寇萊特的生命這時才正要展開。

她接受啞劇表演的訓練，在各種綜藝舞台登場，其中包括和她的愛人，前侯爵夫人貝爾博夫，人稱「蜜西」，一起表演。這兩人以平衡的伴侶關係一起生活，就連寇萊特的母親都贊同——在威利的災難之後一點都不奇怪。

但是登上舞台——醜聞！她們在紅磨坊一起表演《埃及夢》，寇萊特演木乃伊，蜜西演埃及學家。劇情設定木乃伊和學者接吻，讓觀眾全然錯愕，幾次發生騷動，警察必須介入，這部戲被禁演。無所謂，寇萊特還有別招。她變成炙手可熱的記者，寫出成功且被評論家讚美的長篇小說。

私生活還是很不安定：她嫁給一個男爵，生了個女兒，和繼子發生戀情，她（不忠的）丈夫離開她，寇萊特第三次結婚，嫁給一個比較年輕且富有的珍珠商人。

又有誰料想得到呢——晚年贏得聲名：寇萊特這時是法國的明星作家，備受推崇——當

要是不再讓女人做傻事，生活對女人而言只是可憎。

知交　　　情婦　　　妻子

她八十一歲過世的時候，她是法國第一位獲得國葬的女人。

## 作品

在她和威利離婚之後，她起初用筆名「寇萊特・威利」。直到 1923 年她才完全解放自己，首次只以寇萊特之名發表一部長篇小說（《發芽小麥》，年長女性誘惑年輕男子，醜聞！）。

1920 年的《寶貝》讓她嶄露頭角，晚年的世界級成就來自《奇奇》（1944）。她所有小說的性愛和情慾呈現，在當時都算極端大膽。寇萊特之所以是個偉大的作家，是因為她令人信服的女性角色。

## 📖 《寶貝》

他才十九歲，她已經四十三歲：老鴇蕾亞・德隆瓦的事業生涯即將結束，她令人感動地照顧著同事的兒子。弗瑞德利克，大家叫他「寶貝」，有點缺乏照料，還是個年輕人就已經對生命感到疲憊。蕾亞從他出生就認識他，於是這時照顧他。

從中發展出一段持續六年的戀情，直到寶貝按照母親的意思，和一個同齡的富有女性結婚為止。這時寶貝才確定：他愛著蕾亞。她們再次共度一夜，但是第二天早上他發現身邊的女人有多老，於是永遠離開她。

## 名言

> 最美妙的，不，不，不是我，我的寶貝，是因為我留住你。

蕾亞最後智慧地看穿一切，對年輕的愛人這麼說。六年之後，寇萊特寫了續集，《寶貝的結局》，更陰鬱──蕾亞更老了，寶貝更不快樂。

## 📖 《奇奇》

奇奇被祖母依內茲・阿瓦雷茲和姨婆阿莉西亞養大。這兩人想把她教導成優秀的女妓，但是奇奇寧可和年輕的夏默・卡斯通一起廝混，她把他當成大哥一樣。但是他還是愛上奇奇，想到一個很棒的點子：奇奇可以變成「他的」情婦！阿瓦雷茲夫人並不反對，就和卡斯通訂了契約。奇奇錯愕不已，不過還是被說服了。這算什麼。但畢竟是真愛，奇奇最後成為妻子而不是妾！

# 有多少？
出版的長篇小說

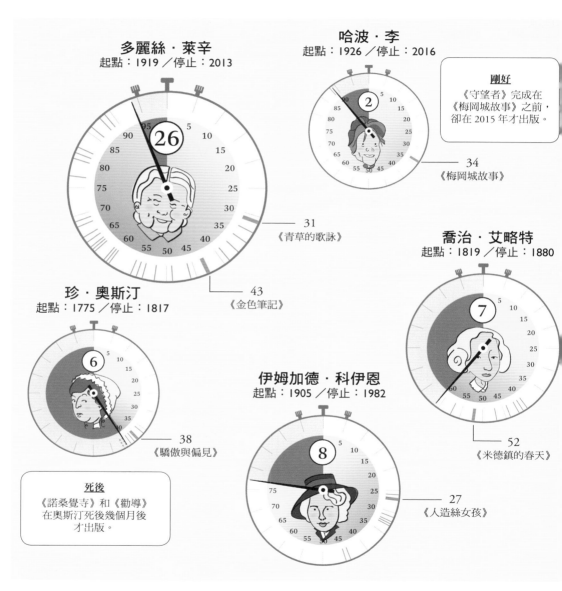

**多麗絲・萊辛**
起點：1919／停止：2013

**26**

31
《青草的歌詠》

43
《金色筆記》

**哈波・李**
起點：1926／停止：2016

**2**

34
《梅岡城故事》

**剛好**
《守望者》完成在
《梅岡城故事》之前，
卻在 2015 年才出版。

**珍・奧斯汀**
起點：1775／停止：1817

**6**

38
《驕傲與偏見》

**死後**
《諾桑覺寺》和《勸導》
在奧斯汀死後幾個月後
才出版。

**伊姆加德・科伊恩**
起點：1905／停止：1982

**8**

27
《人造絲女孩》

**喬治・艾略特**
起點：1819／停止：1880

**7**

52
《米德鎮的春天》

圖例　35　發表時的年齡｜⑦ 發表的長篇小說部數｜
—— 長篇小說｜—— 主要作品｜···· 晚年／死後發表的長篇小說

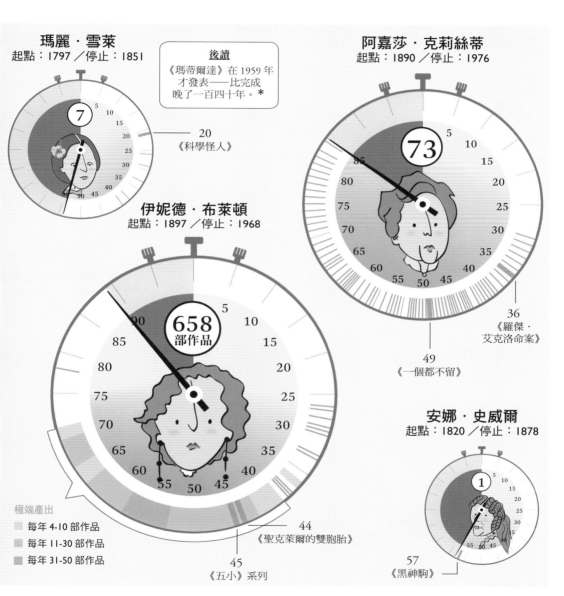

**瑪麗・雪萊**
起點：1797／停止：1851

7

20
《科學怪人》

**後讀**

《瑪蒂爾達》在 1959 年
才發表——比完成
晚了一百四十年。＊

**阿嘉莎・克莉絲蒂**
起點：1890／停止：1976

73

36
《羅傑・
艾克洛命案》

49
《一個都不留》

**伊妮德・布萊頓**
起點：1897／停止：1968

658
部作品

44
《聖克萊爾的雙胞胎》

45
《五小》系列

**安娜・史威爾**
起點：1820／停止：1878

1

57
《黑神駒》

**極端產出**

█ 每年 4-10 部作品

█ 每年 11-30 部作品

█ 每年 31-50 部作品

＊這部長篇小說涉及父女亂倫，瑪麗・雪萊的父親覺得不舒服。她把手稿寄給父親出版的時候，他就讓它消失在抽
屜裡。直到他去世一百年後才又被發現。

林格倫
孩子們的朋友

# 阿思緹 · 林格倫 Astrid Lindgren

1907-2002 年，瑞典

阿思緹 · 林格倫確實有個吵鬧村＊童年：在雙親位於史莫蘭地峽的農莊裡，她和三個手足除了玩還是玩。他們當然要幫忙完成每天的工作，除此之外，可以就只當個孩子。阿思緹從雙親那裡獲得安全感、自由和愛——之後也將這些價值藉由她的書籍傳達給全球的每個孩子。

阿思緹 · 林格倫一直都喜歡說故事，先是說給兄弟姊妹聽，後來說給她的孩子聽。她其實是機緣巧合才成為作家的：1941 年，她的女兒卡琳因為肺炎而臥病在床，卡琳說了一句所有生病的小孩都會說的話：「媽媽，可以說故事給我聽嗎？」就像天下的母親，林格倫回答：「可是要說什麼故事呢？」卡琳說：「說長襪子皮皮的故事給我聽。」這個名字是卡琳在那一刻才發明的——而她的母親也立刻想出適合這個奇特名字的女孩。兩年半之後，阿思緹 · 林格倫在雪地滑倒，扭傷了腳，這時輪到她躺在床上休養，終於有時間寫下「長襪皮皮」的故事，然後把稿子寄給一家出版社——加了附註：「希望您不會通知少年處」。出版社沒有這麼做，但是也不想出版這份手稿。

阿思緹 · 林格倫修改文字，一年之後寄給另一家出版社，該出版社後來發行這本書，引起小小的爭議，批評家因其文字輕率、粗魯而憤怒，而且皮皮理所當然是個壞榜樣。有個著名的瑞典文學家表示：「沒有哪個正常的孩子會吃掉整個奶油蛋糕，或是赤腳踩到糖上，這些都讓人想到瘋子的幻想！」孩子們相反地立刻就愛上皮皮，就連家長也不認同該國教育專家的疑慮。雖然有負面的論戰，這本書賣得非常好，史無前例的女作家生涯就此展開。

## 名言

> 書裡可以出現只有孩子覺得有趣的東西，就我看來，也可以出現孩子和大人都覺得有趣的東西，但是在童書當中絕不能出現只有大人才感興趣的東西，因為這對讀這本書的兒童而言是卑鄙的行為。

---

＊譯注：Bullerbü，是林格倫作品《吵鬧村的孩子》的發生地。

第二次世界大戰
結束

## 作品

在最初的皮皮成功之後，阿思緹・林格倫就沒有停止寫作。《大偵探卡萊》、《吵鬧村的孩子》、《梅蒂塔》、《蜜雪兒》、《獅心兄弟》——緊張、有趣或哀傷的書，充滿生命智慧，但總以孩子們的觀點出發。

她獲頒無數獎項，其中包括了德國書商和平獎，但從不曾獲得諾貝爾文學獎（讓諾貝爾獎委員會受到許多非難）。阿思緹・林格倫是少數作品超越時空的童書作家之一，就算幾十年後依然受到孩子們的喜愛。

## 📖《長襪皮皮》

故事從皮皮搬進亂糟糟別墅開始，帶著她的斑點馬，還有小猴子尼爾森先生。旁邊的鄰居是湯瑪斯和安妮卡・賽特葛倫，兩個非常可愛、教養良好而且安分的孩子。

不受拘束的皮皮，瘋狂的點子一個接一個，乖巧的鄰居孩子起初驚訝地觀望，之後還是被說服一起做。這一切因為皮皮稍微具備的超能力而獲得特別的動能，她能毫髮不傷地從很高的地方躍下（就這樣騙過警察），吃下許多蛋糕，像個專業的雜耍演員一樣保持平衡（並且從燃燒的房子救出幾個小孩），把倉狂的男孩掛在樹枝上，還把兩個小偷抓到櫃子上。

因為她的母親已過世，而她的父親是某個南海島嶼＊的國王，所以皮皮總是隨心所欲，熬夜到很晚，說著瘋狂好笑的謊言故事，把馬帶進廚房裡，在地板上切胡椒蛋糕，把蛋黃塗抹到頭髮上，把雪靴裝上刷子滑行，順便刷地板。

成年人嚇壞了，同時想要教育這個可憐的孤兒：塞特葛倫太太邀請皮皮參加咖啡閒聊會（而皮皮的舉止完全脫線），老師盡力輔導（但是算術不是皮皮的強項），警察前來想把她帶到孤兒院。皮皮認為沒有必要：「我已經住進兒童之家了，我是個兒童，這裡就是我的家。」

在接下來兩本續集《皮皮出國》和《皮皮在南海國》裡，孩童的邏輯不斷戰勝成年的理性。

## 小道消息

皮皮的全名是皮皮洛塔・維克圖阿莉雅・羅佳爾迪娜・薄荷・依法蘭的女兒長襪子，電影把第四個名字改成薄荷巧克力，此外只有在電影裡那匹馬才有個名字叫小叔叔。

## 大同小異

2007 年，德國出現了「元皮皮」，也就是這本小說的最原始手稿，亦即阿思緹・林格倫寄給瑞典一家出版社，該出版社卻拒絕出版的那份手稿。在原始版本當中，皮皮更大膽，整篇的文字更肆無忌憚。

---

＊在原版小說當中，皮皮的父親是個黑人國王，而黑鬼（Neger）這個字眼在書中頻繁出現。2007 年，德國出版社在新版小說中起先加了一條註解，說明這個字當時是常見表達方式，今日一般會說黑人（Schwarzer），兩年之後黑鬼這個字眼完全從書中刪除。於是皮皮的父親在德文版中變成南海國王，而皮皮也不再是黑人公主，而是塔卡圖卡公主。

沙克絲

痛苦詩人

# 奈莉・沙克絲 Nelly Sachs

1891-1970 年，德國

這個女人難以掌握，就像瑪夏・卡列寇和埃蕚瑟・拉斯克－胥勒，她活在狂野的 1920 年代的柏林。但是卡列寇和拉斯克－胥勒在「羅馬咖啡」及其他知識份子聚會，以她們的方式吸收時代精神，溫和的奈莉・沙克絲與世隔絕地和雙親住在柏林美山區。人們對於她的童年和青少年時期所知不多，她寫詩，崇拜賽爾瑪・拉格洛夫，她還是少女的時候就曾經寫粉絲信給賽爾瑪，沒有中斷，直到偉大的賽爾瑪女士真的回信為止。

——

坐在黑暗之中的人，就會點燃夢想。

1930 年，她的父親去世，奈莉和母親搬到小公寓，謹慎地保持低調——因為她們是猶太人。

但是低調還不夠，她們必須離開德國。1940 年 5 月，在最後一刻，和送進勞動集中營的命令同一時間，她們取得瑞典簽證，登上最後幾班飛機之一流亡海外。她們在斯德哥爾摩搬進一個簡陋的單室公寓，奈莉照顧生病的母親，當洗衣臨時工，後來擔任翻譯員。她在廚房裡寫下有關大屠殺的詩作，她逃脫了，其他人還必須受苦，這個想法終生都折磨著她。

## 作品

她的第一部詩集《傳奇與小說》出現在 1921 年，後來奈莉・沙克絲和她比較可愛的早期作品保持距離；經歷納粹的恐怖之後，這些詩再也不算什麼。她以大屠殺女詩人永留記憶，她的詩集《在死亡的住處裡》，以及在戰後不久出版的《星光黯淡》當中的抒情詩陰鬱、充滿情感、動人。但是直到 1950 年代末期，大家才真正注意到她的作品。

1965 年她獲頒德國書商和平獎，一年之後獲得諾貝爾獎——和以色列詩人山繆・約瑟夫・阿格農共同獲獎。

---

# 啊煙囪

在饒富深意的死亡住處上，以色列的軀體灰飛湮滅
穿越空中——
食物清潔人員拿到一顆星星
轉成黑色
或者是太陽光線？

## 啊煙囪！
耶利米和約伯的自由之路蒙塵——誰想到
你們，疊起一塊一塊石頭
煙灰鋪成難民的道路

## 啊死亡的住處，
散發邀約的氣息
為了本是過客的房屋主人——噢你們的手指
放在入口門檻上
有如劃開生死的一把刀——

## 噢煙囪，
噢手指，
以色列的軀體在煙中穿越天空！

摘自：奈莉·沙克絲，《作品集》註釋版全四冊，第一冊：1940-1950 詩集，
Suhrkamp 出版社，柏林，2010。

梅鐸
知識份子

# 艾瑞斯・梅鐸 Iris Murdoch

1919-1999 年，愛爾蘭／英國

聰慧，充滿激情，喜歡當救世主，光是看照片上的艾瑞斯・梅鐸，很難相信這個女人度過什麼樣的一生。短髮，不特別有活力，幾乎數十年不變的穿著，襯衫和毛衣，典型的女教師。但是她在大學期間就已經誘惑過一票男性，狂歡派對，飲酒，閃閃動人，把所有的人都拉進她的軌道。令人有些詫異地，她在 1956 年嫁給年輕（聽說還是處男）的大學生約翰・貝禮（後來當上文學教授）。她尋找避風港，好讓自己能寫作。

貝禮傾倒在艾瑞斯腳下，而且終生不變。他容忍對方和男性、女性的婚外情，接受她的瘋狂。他們因此過著幸福的婚姻生活——一直都有些不修邊幅，夢幻的標準學者！住在牛津的房子裡，只要有機會就裸身游泳。艾瑞斯寫作，約翰教書。艾瑞斯熱愛生活和丈夫，約翰只愛艾瑞斯。艾瑞斯・梅鐸 1996 年罹患阿茲海默症，約翰完全奉獻地照顧她直到逝世。

## 好丈夫

「我天真而且直到今日無法解釋地認為，只有我會喜歡她，除了我之外她不可能討人喜歡，這個想法讓我沒注意到其他人覺得她多麼有魅力，甚至是種魔性魅力。」約翰・貝禮在他的著作《艾瑞斯之歌》如此寫道，這是他對四十三年婚姻的回憶，這尤其是個偉大的愛情故事，以及最後幾年揪心的苦難故事。這本書在 2001 年被拍成電影（由凱特・溫斯蕾及茱蒂・丹契扮演艾瑞斯・梅鐸）。

## 小道消息

在牛津的歲月裡，艾瑞斯・梅鐸和流亡作家埃里亞斯・卡內提有段戀情，卡內提在回憶錄裡有點不夠紳士地把她描述成「典型牛津燉肉」。此外還說她穿著毫無魅力的羊毛內衣，腳很醜，行動笨拙。卑鄙！約翰・貝禮在回憶錄裡對卡內提的想法相當明確，貝禮說他是個「偉大的全知詩人」，把一切抖了出來：就連在座的詩人妻子也不能阻止他和艾瑞斯蹦上床。

## 作品

她的首部長篇小說《網之下》就備受矚目，直到今天還是她最受歡迎的小說（但卻是她個人最不喜歡的一本）。《大海，大海》使

《網之下》，1954 年

她在 1978 年獲得曼布克獎。艾瑞斯・梅鐸總共寫作二十六部長篇小說，此外還有劇作以及混合幻想、魔法和哲學的哲思性作品。

### 《網之下》

作家傑克的日子很不好過：沒有住處，沒有錢，只有虛偽的朋友和壞點子。有天他又需要找地方過夜，一個女性朋友就幫他找了個顧家的工作，照顧她姊姊薩蒂的房子。他在那裡聽到薩蒂和賭博莊家杉米的對話，才發覺薩蒂偷了自己的手稿，想將之拍成電影，卻不想讓他參與其中。他憤怒地侵入杉米的家，想偷回手稿，卻沒找到，取而代之就拐走杉米的狗。壞主意！對傑克而言情況越來越糟：他贏了賭馬，但是他的假朋友芬恩帶著錢溜走。他接了個工作，然後又失業。他必須花七百磅買下那隻誘拐來的狗，這時他的財務真的一塌塗地。不過，至少他現在可以展開他的作家生涯。

怪異的長篇小說，不時穿插哲學題外話，也說明了小說標題的由來（網＝語言）。

### 《大海，大海》

步入老年的導演也是劇作家的查理・阿若比對戲劇已經沒有興趣，退居在他海邊孤零零的房子裡，好撰寫回憶錄。回憶錄鉅細靡遺記載一切，但主要描述他眾多情史。在書寫過程中，他偶遇年輕時的愛人哈特莉。她既不年輕也不誘人，而且已婚，雖然不是特別幸福。查理動了想征服她的念頭，哈特莉可不怎麼開心，尤其是查理試著誘拐她。然而她的拒絕卻無法阻止他自我吹捧好幾個鐘頭（也就是寫了好幾章）。

### 今日呢？

文章裡有許多哲學暗示，風格也需要適應，並不容易讀。艾瑞斯・梅鐸在英國還是最重要的女性作家之一，在她死後，以及因為她丈夫的回憶錄（特別由於改編成電影），德國對她重新燃起興趣。2000 年，《大海，大海》改版發行，但是沒有贏得多少讀者。目前德國已經買不到梅鐸的長篇小說。

---

希拉瑞及諾蓋
登上聖母峰

伊莉莎白女王二世
登基

破解
去氧核醣核酸結構

德國贏得世界盃足球賽冠軍
（伯恩奇蹟）

1953
《熔爐》
米勒

1954
《網之下》
艾瑞斯・梅鐸

# 西蒙・波娃 Simone de Beauvoir

1908-1986 年，法國

西蒙・波娃本來是老師——直到她 1943 年被解職為止，原因是「誘拐未成年男孩」。當時她已經發表了第一部長篇小說（《女客》），和尚－保羅・沙特保持開放關係。沙特並不擁護一夫一妻制，卻對西蒙・波娃感到心靈契合。1929 年兩人締結驚世駭俗的契約：Un bail，一份租約，合約中規範兩人對彼此保持兩年的忠誠。之後雙方都可擁有自由性生活，但是不可隱瞞。這段關係確實維持終生，他們一直都有各自的住所，未曾結婚，也曾有過三角關係，西蒙勾引少男、少女，經年維持戀愛關係，卻一直和沙特保持相依相繫。他們一起對抗納粹，抗議阿爾及利亞戰爭，一起前往美國、斯堪地那維亞、古巴、義大利（他們每年在羅馬分享一個旅館房間四個月）。沙特於 1980 年去世，西蒙・波娃一直看護他直到他死去，六年後她去世，死後葬在巴黎蒙帕納斯墓園，就在沙特旁邊。

## 作品

西蒙・波娃以她的存在主義長篇小說《女客》（1943）而聞名，和沙特的《存在與虛無》同一年出版，沙特以這本書奠下存在主義的礎石，不過——哎呀——該不會西蒙・波娃才是存在主義的先驅吧？反正她的首部長篇小說滿滿都是存在主義。波娃以她的社會史作品《第二性》（1949）而名聞全球，但她還是繼續寫作長篇小說和記述小說。她最成功的文學作品是長篇小說《名士風流》（1954），為她贏得龔固爾文學獎。

## 📖《第二性》

砰！女性主義的主要作品！西蒙・波娃說：「並非生為女人，而是長成女人。」——在 1950 年代初真是驚世駭俗，特別是對教會而言（於是她也成為無神主義者！）。波娃分析女性在社會中的角色，她們的依賴性、被動性，以及如何被預定成為妻子和母親。性別解放的呼籲。

## 📖《名士風流》

二次世界大戰後的巴黎知識份子圈，中心點是兩對夫妻：安妮和羅貝爾（加上他們十八歲的女兒娜丹），以及翁利和寶拉。他們愛得顛倒交錯，在漂亮的公寓和上流餐廳裡交談，主要談論共產主義。注意：影射小說！永遠的道德理想主義者翁利帶著阿爾貝・卡繆的影子，以意識形態思考的羅貝爾不難看出是沙特（安妮應該就是波娃）。

卡繆和沙特在小說出版時正爭辯不休，卡繆覺得這本小說一點都不有趣。但是：雖然和現實有相似平行處，而且無法忽視，但是小說依然是虛構。

# 弗朗索瓦・莎岡 Françoise Sagan

1935-2004 年，法國

弗朗索瓦・莎岡十八歲的時候寫下了處女作《日安憂鬱》*，成為報紙頭條。在（法國也很保守的）1950 年代，一個少女竟大膽描寫對愛與性的饑渴！然而評論家卻很著迷（年輕！有才華！），不管怎樣，《日安憂鬱》立刻成為國際暢銷書，弗朗索瓦・莎岡變成備受推崇的明星。她中斷了學業，成為作家——享受生活。宴會、賭博、賽馬、開快車、酒精、毒品，她賺進幾百萬，轉手又把錢花光。她多次站在法院裡，因為各種毒品罪行和逃稅。巴黎、聖特羅佩、噴氣機——弗朗索瓦・莎岡在美好、富裕和重要人士的世界裡覺得自在。她結婚兩次，生了一個兒子，和一個女服裝設計師住在一起十五年。此外——不要忘記——弗朗索瓦・莎岡寫作，寫很多。

——

沒有人能獨自改變世界，但是我們每個人都必須以自己的方式打破規則，沒有人可以屈從。

## 作品

膚淺的暢銷書還是偉大的文學作品？該如何評價莎岡的作品，評論家直至今日都還莫衷一是。她寫作超過四十部長篇小說和劇本。目前在德國只有少數幾部還為人所知，如事件小說集《微笑》（1955），長篇小說《你喜歡布拉姆斯嗎？》（1959）——當然還有她輝煌的處女作。

## 《日安憂鬱》

塞希爾十七歲，和父親雷蒙住在一起。她和父親最近熱戀的愛莎一起在蔚藍海岸度過夏天，聰明的時裝設計師安娜突然出現，和雷蒙一般看上眼的年輕女人相比，她是全然不同的惹火。愛莎告退，安娜和雷蒙很快就宣布他們要結婚的消息，

塞希爾卻一點也不開心，她大有理由擔心，直到目前她所過的鬆散生活很快就要成為過去。安娜的確立即開始緊盯塞希爾的課業，禁止她和正陷入熱戀的大學生見面。該死！塞希爾於是展開一個小小的細膩詭計，使得安娜哭哭啼啼地開車離開，並且失事死亡。令人震驚，但是塞希爾和雷蒙很快又像從前一樣，過著愜意的生活。

## 名言

> 這種陌生的感覺，它溫柔的痛苦壓抑著我，我猶豫著給它一個美好而嚴肅的名字：哀傷。

這本書由此開展——塞希爾，小搗蛋，不只和男性調情，也和自己不安的良心糾纏。她的生命暫時變得嚴肅起來，但最後她很快地又克服了這種不美好的感覺。

---

*莎岡的雙親頗有先見之明地堅持她用筆名發表，於是她就用普魯斯特《追憶似水年華》中一個角色的名字。

# 特別精選
快速瀏覽女作家生平

## 派翠西亞・海史密斯
### Patricia Highsmith
1921-1995 年，美國

這位美國女作家寫了二十二部長篇小說，此外還有無數短篇小說，甚至還寫了一本童書——她在歐洲特別受到推崇，是高文學性的犯罪小說作家。尤其是她的反英雄湯姆・雷普利使她成名，雷普利是個迷人的罪犯，在第一集（《天才雷普利》，1955）當中就謀殺了一個富有的美國人，竊用他的身分，之後過著輕鬆自在的生活——並且繼續快樂地謀殺。海史密斯深受邪惡的吸引，因此不寫傳統的犯罪小說，她的作品比較像是心理研究。好比她的處女作《火車怪客》（1950）探討完美犯罪，偉大的希區考克立刻就搶下電影版權，但卻把整個故事用好結局加以美化，讓她十分生氣。1991 年，派翠西亞・海史密斯幾乎獲得諾貝爾文學獎，但得獎的是娜汀・葛蒂瑪（請見第 128 頁）。

## 英格柏・巴赫曼
### Ingeborg Bachmann
1926-1973 年，奧地利

她在上大學的時候認識了保羅・策蘭，並且愛上他。1952 年，他們兩人參加了四七社的朗讀比賽，策蘭朗誦他的《死亡賦格曲》（他那時已經聞名全球），但落選。二十五歲的英格柏・巴赫曼朗讀的時候羞澀、結巴而且太小聲，評論家卻都傾聽著。第二年她贏得獎項，發表第一部詩集《已過之時》，成為德語抒情詩的重要聲音。後來她也寫作事件小說、記述小說和長篇小說。
1958 年——在巴黎的一場命運的遇合：英格柏・巴赫曼結識馬克斯・佛里希，他年長十五歲，已經全球知名，非常受到這位年輕女詩人的吸引。他們的愛情關係只維持了四年——十分痛苦的時光，充滿戲劇性、忌妒和依賴。巴赫曼從未真正從分手當中振作起來。因為憂鬱症，她必須多次進出醫院，對藥物和酒精成癮，心理狀態一直都不穩定。她四十七歲去世——她在羅馬的公寓裡點著菸睡著之後發生火災。

為了榮耀巴赫曼，從 1977 年開始，每年在她誕生的城市克拉根福爾特（Klagenfurt）都會頒發英格柏・巴赫曼文學獎。

---

| 華沙公約組織成立 | | 越戰爆發 | 第一個芭比娃娃 |
|---|---|---|---|
| | 1955 | 1956 | 1957 |
| 《天才雷普利》派翠西亞・海史密斯 | 《羅莉塔》納博科夫 | 《大熊們的呼號》英格柏・巴赫曼 | |

## 哈波・李
### Harper Lee
#### 1926-2016 年，美國

一直到她死前不久，哈波・李始終都被當成「一作」奇蹟：她只寫了一本書，卻因此世界聞名。《梅岡城故事》出版於 1960 年，獲得普立茲獎，今日依然是美國重要的著作之一，甚至可說是最重要的書（僅次於《聖經》）。哈波・李（順帶一提，她是楚門・卡波特的童年友伴），以七歲女孩絲考特的視角，描述美國南方的種族仇恨。絲考特的父親，勇敢的律師阿提克斯・芬奇在美國就像國家英雄一樣，直到哈波・李一份舊手稿出乎意料地浮現：《守望者》是《梅岡城故事》的最初版本，但是故事發生晚二十年。這部長篇小說於 2015 年出版，售出百萬本——整個世界被顛覆：阿提克斯根本不像人們所想像的那麼好！
《守望者》出版幾個月以後，哈波・李以八十九歲高齡辭世。

## 穆里爾・斯帕克
### Muriel Spark
#### 1918-2006 年，英國

哇，《紐約客》把一整期都用來報導這個英國女作家？穆里爾・斯帕克不曾到過美國，但因此立刻聞名全美。雜誌社連載的是她的長篇小說《珍・布洛迪小姐的巔峰》。教師珍・布洛迪崇拜墨索里尼，決定不僅教導她偏愛的六名學生一般科目，還要讓他們也加入法西斯陣線。除此之外，她的教學方式還很瘋狂，校長因此早就想擺脫她。詭計、麻煩，還有一個最後才解開的祕密——讀者喜愛這部長篇小說，直到今日都還被視為英文文學的經典之作（1969 年改編成電影，了不起的瑪姬・史密斯演出主角）。穆里爾・斯帕克還寫了其他作品（包括博朗特姊妹的傳記），但《珍・布洛迪》一直是她最成功的長篇小說。

---

古巴革命結束
（卡斯楚成為總理）

避孕藥
上市

第一位德國女性部長
（依莉莎白・史瓦茲豪普特）

1959
《獨倚一枝玫》
希爾德・多敏

1960
《梅岡城故事》
哈波・李

1961
《珍・布洛迪小姐的巔峰》
穆里爾・斯帕克

# 多麗絲・萊辛 Doris Lessing

1919-2013 年，英國

多麗絲・梅・泰勒（Doris May Tayler）在伊朗出生，她的父親在那裡擔任銀行員。她五歲的時候和雙親搬回英國，但是立刻又搬到南羅德西亞（今日的辛巴威），她的父親想在那裡種玉米發財——沒有成功。接著是一段艱困、不快樂又匱乏的童年，多麗絲盡其所能逃離這樣的生活。十五歲的時候她當保姆，十八歲的時候前往首都，擔任接線生和女秘書維生。她結婚，生了兩個孩子，離婚（孩子留在父親身邊），又結婚（嫁給德國人戈特弗利德・萊辛），生了個兒子，再度離婚。1949 年，她帶著兒子和兩份小說手稿前往英國，當年她三十歲，想要成為女作家，也成功了。她的第一部長篇小說《青草的歌詠》（1950）就很成功，至少《金色筆記》（1962）出版之後，她已經是國際知名的作家，八十八歲時獲頒諾貝爾文學獎。

## 作品

她最初的作品討論種族主義，以及對非洲殖民地的掠奪——是萊辛終生課題之一。她寫作超過五十部長篇小說，此外還寫抒情詩和自傳性作品。主要角色通常是女性，主題和寫作風格則多變：政治、科幻、心理學、寫實、實驗性質、神祕主義——什麼都有。

## 📖《金色筆記》

女作家安娜・伍夫遭遇寫作瓶頸，於是書寫四本日記：黑色的記載她對非洲（她的出生地）的記憶，紅色的記錄她的政治活動，黃色收錄有關小說的點子，藍色則記錄其他事情。當她克服了憂鬱症，就在四本日記劃上粗黑的橫線做了結。這時的她能和自己好好相處，可以開始寫新的日記，也就是金色筆記。

整個故事被框架情節環繞，這個框架情節本身就是一篇完整的小說——標題是「不受拘束的女性」，情節是關於安娜和茉莉（中等程度的女演員），兩人都是單身媽媽，積極參與政治的高等知識份子。故事出現愛情、性愛和男性（也涉及女性高潮——令 1960 年代許多人驚嚇不已）。

## 迴響

女性自主？噢，不，當時根本還不流行這一套，相關書寫可是個小醜聞。但年輕女性很推崇這本書，很快就成為女性主義的聖經，但多麗絲・萊辛又不算十足的女性主義者。

## 注意！

這部長篇小說相當複雜，有許多層次，帶著自傳和虛構色彩，和維吉尼亞・吳爾芙的作品一樣具備實驗性。基本上，萊辛的其他長篇小說容易閱讀得多，好比《青草的歌詠》（1950）或是《第五個孩子》（1988）。

柏林圍牆 ｜ 人類首度進入太空
建起 ｜ （加加林）

1961
《索拉力星》
萊姆

《金色筆記》，1962 年

康寶濃湯　　　滾石合唱團
（安迪‧沃荷）　　成立

1962

《誰怕維吉尼亞‧吳爾芙？》　　《金色筆記》　　《綠眼女孩》
阿爾比　　　多麗絲‧萊辛　　愛德娜‧歐布萊恩

# 特別精選
快速瀏覽女作家生平

## 瑪麗・麥卡錫
### Mary McCarthy
#### 1912-1989 年，美國

瑪麗・麥卡錫全球知名乃是因為她的長篇小說《她們》，故事發生在 1930 年代的紐約：八個女孩，一起在紐約瓦薩學院念書，投入豐富多彩的生活。十分具有自傳色彩，瞬間成為暢銷書，啟發坎蒂絲・布希奈兒幾十年後寫作《慾望城市》！

瑪麗・麥卡錫還有更多作品，但是沒有一部這般成功。此外她積極參與政治，和漢娜・鄂蘭交好，為好幾家聲譽卓著的雜誌撰文，好比報導水門事件醜聞，或是越南戰爭。她很常被提起的軼聞是她和劇作家也是電影編劇麗蓮・海爾曼的齟齬，她 1980 年在脫口秀裡說對方是個「糟糕的作家，浪得虛名而且不老實。她寫的每個字都是謊言，連接詞也不例外。」結果她被索賠 250 萬美元，最後不須支付。幸好，因為瑪麗・麥卡錫並不特別富裕。

## 娜塔莉・薩羅特
### Nathalie Sarraute
#### 1900-1999 年，法國

這位純文學女性大師幾乎活過整個二十世紀，娜塔莉・薩羅特上大學念法律，成為女律師，但是其實想寫作。她嫁給一個律師，生了三個女兒，在戰爭爆發前不久發表最初幾篇文字（《熱帶病》，1939）。當時人們有其他煩惱，沒有名字的主角的精神騷動描述，或許也超過大眾的負荷，比較適合當作文學授課的材料。直到 1950 年代末期，娜塔莉・薩羅特的書寫突然引發狂熱：新小說（nouveau roman），一種全新的文學形式，實驗性質非常高，沒有情節，有點像貝克特的作品，只是人物更少——在法國極度受歡迎。薩羅特在法國是個先驅，她的長篇小說《金色果實》讓她嶄露頭角。

第一部
法拉利跑車

1962

《她們》
瑪麗・麥卡錫

《發條橘子》
安東尼・伯吉斯

## 瑪蓮・豪斯霍佛爾
### Marlen Haushofer
#### 1920-1970 年，奧地利

她只活到四十九歲，她的作品很快就被遺忘。但是到了1980 年代，瑪蓮・豪斯霍佛爾又重新被發掘，特別是她突出的長篇小說《隱牆》（1963）：有個女性和一對好友在山區小屋度週末，早晨醒來的時候只有她獨自一人。她帶著狗去找朋友們，卻碰到一堵隱形的牆。牆後的人似乎都已經死亡。她必須像魯賓遜一樣在大自然間求生。結局未定。

## 安娜・阿赫瑪托娃
### Anna Achmatowa
#### 1889-1966 年，俄羅斯

她的第一部詩集《夜晚》（1912）就成功，但是在俄國十月革命之後，她的文字不再受歡迎。雖然安娜・阿赫瑪托娃聞名全俄國，而且受到喜愛，她再也不許發表作品。然後，在史達林統治之下，她的兒子列夫被捕：判處十二年勞改營，之後被驅逐出境。安娜・阿赫瑪托娃等待著，期盼著，心焦不已——同時偷偷寫詩：《安魂曲》是史達林恐怖統治時期最重要的見證。史達林死後三年，列夫重獲自由，阿赫瑪托娃逐漸奠定女作家的地位。但是直到她死後二十年，她的大師之作《沒有英雄的詩》及《安魂曲》才得以未經核刪地在俄國發行。

## 蘇珊・桑塔格
### Susan Sontag
#### 1933-2004 年，美國

蘇珊・桑塔格在美國知識份子圈越來越出名的時候，瑪麗・麥卡錫可不怎麼開心，她稱這個競爭對手是「我的模仿者」。桑塔格的作家生涯以 1963 年實驗性的長篇小說《慈善家》展開，不過讀者和評論家都不為所動。她的《火山愛人》（1989）才引起注目。她的最後一部長篇小說《在美國》（1999）甚至獲得國家書卷獎，但是真正使她出名的是她的評論（如1977年的《論攝影》）。桑塔格參與政治活動，為女權奮鬥，反戰。紐約 911 恐怖攻擊之後她勇於批判布希政府，即使如此（或說正因如此），蘇珊・桑塔格可說是美國知識份子的偶像。
從 1988 年到她去世，她和女攝影師安妮・萊柏維茲住在一起，嚴格保護私生活。

「我有一個夢」
（馬丁・路德・金恩）

「我是柏林人」
（甘迺迪）

1963

《金色果實》
娜塔莉・薩羅特

《隱牆》
瑪蓮・豪斯霍佛爾

《沒有英雄的詩》
安娜・阿赫瑪托娃

《慈善家》
蘇珊・桑塔格

《小丑眼中的世界》
海利希・波爾

# 美好遠景座標
滿足各種品味的文學

《美國佬》
奇瑪曼達·恩格茲·
阿迪契

《故土》
多爾特·韓

《金翅雀》
多娜·塔特

《我所熱愛的東西》
希莉·胡思薇

《皮帕·李的私密日記》
麗貝卡·米勒

《阿嬤開箱》
艾琳·狄雪

《狼廳》
希拉蕊·曼特爾

《跨界》
安娜·塞格斯

《隱牆》
瑪蓮·豪斯霍佛爾

《爵士》
童妮·摩里森

《瓶中美人》
雪維亞·普拉絲

電子
文學

《怪物》
泰瑞琦亞·默拉

《潔西卡，30 號》
瑪蓮娜·斯特雷露維茲

《造就美國人》
葛楚德·史坦

《夜林》
朱娜·巴恩斯

《呼吸的擺盪》
黑爾塔·穆勒

《戴洛維夫人》
維吉尼亞·吳爾芙

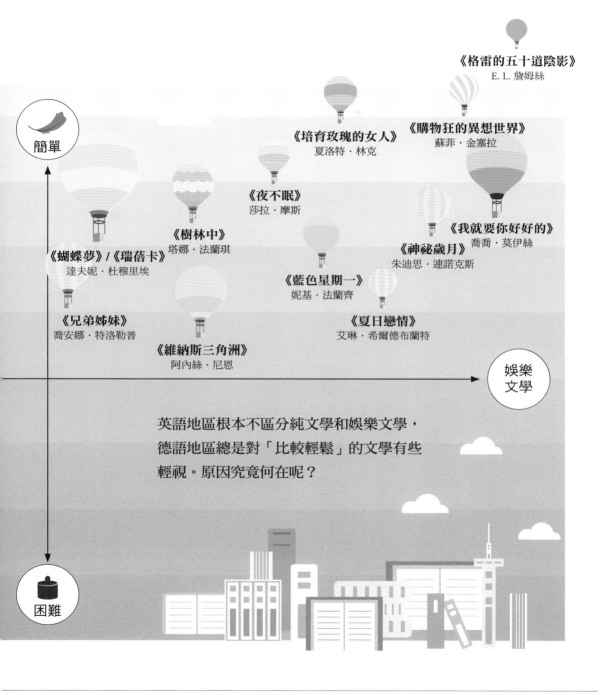

簡單

《格雷的五十道陰影》
E. L. 詹姆絲

《購物狂的異想世界》
蘇菲・金塞拉

《培育玫瑰的女人》
夏洛特・林克

《夜不眠》
莎拉・摩斯

《我就要你好好的》
喬喬・莫伊絲

《樹林中》
塔娜・法蘭琪

《神祕歲月》
朱迪思・連諾克斯

《蝴蝶夢》/《瑞蓓卡》
達夫妮・杜穆里埃

《藍色星期一》
妮基・法蘭齊

《兄弟姊妹》
喬安娜・特洛勒普

《夏日戀情》
艾琳・希爾德布蘭特

《維納斯三角洲》
阿內絲・尼恩

娛樂
文學

困難

英語地區根本不區分純文學和娛樂文學，
德語地區總是對「比較輕鬆」的文學有些
輕視。原因究竟何在呢？

普拉絲
象徵性人物

# 雪維亞‧普拉絲 Sylvia Plath
**1932-1963 年，美國**

最引人注意也是最悲劇性的作家生平之一，部分和她的長篇小說《瓶中美人》主角的命運非常類似。雪維亞‧普拉絲是個有天分的女孩，父親早逝之後就開始寫詩。她獲得大學獎學金，贏得寫作比賽，因此得以在紐約一家女性雜誌社裡實習。
之後她深受憂鬱之苦，接受電擊，吞下安眠藥卻被救回來。

> 他們必須呼叫再呼叫
> 我身上的蟲如黏膩的珍珠。＊

她住進精神病院，看起來似乎已經痊癒。雪維亞結束學業，前往劍橋，1956 年結識（相當知名的）英國作家泰德‧休斯。
兩人不久後結婚，生了兩個孩子，搬到郊區居住，這是丈夫的主意。雪維亞在他們位於德文郡的房子裡照顧孩子和煮飯，這是丈夫的期望。她幾乎無法寫作。她的憂鬱症再度發作——巨大的怒氣在內心翻滾，因為泰德背著她偷腥。足以拍成電影的一幕：雪維亞撕掉他的筆記和手稿，把他趕出去——那是 1962 年秋天。三個月後，雪維亞的第一部長篇小說出版，四星期後她試圖自殺：

> 我才三十歲，
> 在我真正死去之前，我可以像貓一樣死九次。＊

這一次沒有救贖，雪維亞‧普拉絲吃下安眠藥，用毛巾密封廚房，開了瓦斯，把頭放進瓦斯烤箱裡——她的兩個孩子就睡在鄰室。

> 死亡正如一切是門藝術，
> 我特別擅長。＊

## 作品
雪維亞‧普拉絲上學的時候就寫詩，在大學時期也在不同雜誌發表最初的短篇故事。她的第一本書，詩集《巨神像》，卻直到她去世三年後才出版。寫本長篇小說一直都是她最大的期望。多次徒勞嘗試之後，她在 1962年幾個月內就完成《瓶中美人》——不久後便自殺身亡。

1963　　甘酒迪　　女性首度進入太空
　　　　遭射殺　　（范倫蒂娜‧泰勒斯可娃）

1963

《瓶中美人》　　《分裂的天空》
雪維亞‧普拉絲　克莉絲塔‧沃爾夫

《瓶中美人》，1963 年

## 小道消息

雪維亞・普拉絲早已料到《瓶中美人》會被解讀成自傳，因此決定最初只在英國出版，並且使用了筆名維多莉亞・盧卡斯（Victoria Lucas）。直到 1967 年才用作者本名發行，雪維亞的母親直到 1971 年都阻止本書在美國出版。

## 📖 《瓶中美人》

> 我看到自己坐在無花果樹枝間，餓著肚子，只因為我無法決定該摘下哪一顆無花果。

伊絲特・格林伍德十九歲前往紐約的時候，生命有無限可能：她參加寫作比賽，贏得時尚雜誌社實習的機會，現在可以展開生命：女作家、女記者還是女教授──或者應該嫁給她的青梅竹馬巴狄，就當個家庭主婦和母親？伊絲特因為有太多選擇而癱瘓，沒運用這些機會就把它們刪除（就像無花果在樹上萎縮＝著名的譬喻！）。

她回到家鄉，參加寫作課程的申請卻沒被接受，於是落入憂鬱之中。她在療養院裡接受電擊治療，非常痛苦，讓伊絲特認真想要自殺。

> 我的理性一再從思考迴圈滑落，像隻鳥在空蕩之中搖擺。

最後她吞下五十顆安眠藥，卻存活下來，住進一家私人精神療養院。她有種住在玻璃鐘罩裡的感覺──和外界隔絕。玻璃鐘罩逐漸被掀開，伊絲特情況好轉。小說結尾充滿希望。

## 迴響

初版接收到的評論雖然充滿善意，但是並不怎麼熱烈。直到《瓶中美人》八年後在美國出版，這部小說才躍上暢銷書榜。
雪維亞・普拉絲（和她的悲劇性生命故事）被女權運動發掘：一個被丈夫擠壓到傳統婦女角色裡的女性，雖然她的天賦遠不止於此──這正是女性當時力抗的現實。
學者們今日依舊爭辯不已：雪維亞・普拉絲究竟是因為她不幸的一生才這般知名，還是因為她的詩及小說確實是偉大的文學作品。1982 年，在她死後，她的詩作獲頒普立茲獎。

---

＊摘自雪維亞・普拉絲著名的詩〈拉撒路夫人〉，寫於 1962 年，大清早，「在憂鬱的、幾乎永恆持續的時光裡，在孩子開始尖叫之前」。

| 曼德拉被捕 | 克萊首度成為世界拳擊冠軍並自稱穆罕默德・阿里 | 沙特拒絕諾貝爾獎 | 《小紅書（毛主席語錄）》（毛澤東） |
|---|---|---|---|

**1964**

| 《三個問號》羅柏・亞瑟 | 《馬拉／薩德》魏斯 | 《十二個陪審員》羅斯 |
|---|---|---|

# 特別精選
快速瀏覽女作家生平

## 羅瑟・奧斯連德
Rose Ausländer
1901-1988 年，德國

我尋找／一個島嶼／可以呼吸／可以做夢／人們良善。

羅瑟・奧斯連德一生都在尋找故鄉，卻一直漂泊不定。她出生在布寇維納的徹諾維茲（今日在烏克蘭境內，當時是奧匈帝國的一部分），在第一次大戰時，為躲避俄國人逃到布達佩斯，再逃到維也納。十九歲時，她回到出生的城市，一年後移民到美國。

她起初發表詩作，結婚，離婚，回到家鄉以照顧生病的母親。她在那裡認識一個男人，和他一起又前往紐約，發表其他詩作，之後回到徹諾維茲，和這個男人分手，繼續寫作。1939 年，她的第一部詩集《彩虹》出版，幾乎無人聞問。徹諾維茲在 1941 年被佔領的時候，羅瑟・奧斯連德被趕進猶太人區，存活了下來，重新移民到紐約。她擔任外語通訊記者賺錢，繼續寫詩，這時以英文書寫。直到 1965 年她才發表另一本詩集：《盲目的夏天》。同一年，羅瑟・奧斯連德搬到德國，1972年住進杜塞道夫的養老院裡，養老院以奈莉・沙克絲命名——還滿相應的。這時她是個知名的詩人，享受晚來的聲譽。但是有次股骨頸骨折之後，她決定不再離開房間。她就乾脆待在床上以便寫作，持續十一年，直到她去世。

## 莎拉・基爾緒
Sarah Kirsch
1935-2013 年，德國

她的本名英格麗・黑拉・伊莫琳娜・伯恩斯坦（Ingrid Hella Irmeline Bernstein），她大學念化學。1960 年和詩人萊納・基爾緒結婚，同年在雜誌上發表一些詩，把莎拉・基爾緒當成筆名——當作對納粹的遲來抗議。她和丈夫在哈勒生活和工作，1965 年兩人甚至一起出版詩集（《和恐龍對話》）。1967 年，莎拉・基爾緒的第一本個人詩集《鄉間小住》出版，使她在東、西德都知名。後來她和丈夫離婚，搬到東德，和東德政權發生爭議。1977 年，莎拉・基爾緒搬遷到西德。她著作等身，並且獲得無數表彰，其中包括1996年的畢希納文學獎。

黑人人權運動者麥爾坎・X
被謀殺

中國展開
文化大革命

英迪拉・甘地
成為印度第一位女總理

英國奪得世界盃足球冠軍
（溫布利射門）

1965

《盲目的夏天》
羅瑟・奧斯連德

《婚禮》
卡內提

1966

《冒犯觀眾》
漢德克

## 伊琳娜 · 寇舒諾夫
### Irina Korschunow
### 1925-2013 年，德國

目前和怪物、小矮人以及其他童話生物相關的童書不勝枚舉，但是 1967 年出版的《綠頭髮的瓦巫雪》是真正的暢銷書：頂著綠髮的矮小生物，喜歡松子醬，擁有一隻三顆頭的龍，會幫他們的爐子點火——相較於德國一般為兒童所寫的問題文學*，本書是令人心曠神怡的調劑讀物。

伊琳娜 · 寇舒諾夫兩種都能寫：奔放的幻想故事，以及具備教育意義的文章。她的著作《漢諾畫了一隻龍》（1978，「莫冰」的故事，雖然這個東西根本不存在），以及《發現一隻小狼》（1982，討論共感和融入族群的寓言），都是一再被小學列為讀本的作品（當然和一些老師想不出點子有關）。

伊琳娜 · 寇舒諾夫出身德國斯湯達，第二次世界大戰之後住在哥廷根及慕尼黑，除了童書也寫作青少年及成人閱讀的文學。許多書都稍帶自傳色彩，故事背景常是德國歷史。

---

＊譯注：意指書中主題都是嘗試描述、解決某些困擾，可能是主角本身的，也可能是和周遭生活環境之間產生的問題，寫作具備教育目的。

## 娥蘇拉 · 勒瑰恩
### Ursula K. Le Guin
### 1929 年生，美國

女性主義科幻小說？乍聽之下好複雜，令人退避三舍，但是娥蘇拉 · 勒瑰恩確實證明了幻想及科幻絕對適合用來探討社會上的相關課題。她因此獲頒許多獎項：她的長篇小說《黑暗的左手》（探討雌雄同體、權力和性別問題）於 1970 年贏得兩項最重要的科幻文學大獎，雨果獎和星雲獎。

娥蘇拉 · 勒瑰恩大學時期研讀文學，在大學教書——寫作則是從五歲開始。她喜愛維吉尼亞 · 吳爾芙以及托爾金，以《地海巫師》（1968）發明了魔法學校冒險這種體裁——比《哈利波特》早得多。

她和丈夫於 1953 年結婚，兩人一起住在波特蘭。她還一直喜歡插手各種事務，不管是涉及敘述藝術（和工藝），或是和亞馬遜或谷歌論戰。

奧茲
聰明人

# 喬伊斯・卡洛・奧茲 Joyce Carol Oates

1938 年生，美國

她還年輕的時候，看起來幾乎就像個電影明星，巨大黑框眼鏡後面大大的雙眼，還有漂亮的卷髮。後來喬伊斯・卡洛・奧茲瘦得令人憂心，她的頭髮粗糙，但是眼鏡還是同一樣式。維持不變的還有創造力：奧茲像是被驅動著，白天寫作八至十三個鐘頭，晚上再寫三個小時。

喬伊斯在年少的時候就識得貧窮和暴力的滋味。她在美國東北一個小農莊長大，雙親的學歷不高，但是熱愛閱讀，喚醒女兒對文學的興趣。十四歲的時候，她的祖母送她一部打字機，從這時起就沒人擋得住這個女孩。她的雙親支持她，雖然他們一定覺得想當職業作家的願望有點奇怪。

——

我喜歡寫東西，一直都忙著寫些什麼。

然而喬伊斯・卡洛・奧茲獲得英國文學和哲學獎學金，贏得了寫作比賽，並於 1963 年發表第一本短篇故事集——然後，寫作再寫作。1961 年她和雷蒙・史密斯結婚，對方是她的摯愛。她和英國文學教授雷蒙成立一

家出版社，發行文學雜誌。兩人是夢幻伴侶，雷蒙在他即將歡度七十歲生日前因肺炎逝世，使她幾乎因此崩潰。但是她一年後再婚，對方是個精神科學家，兩人在一個晚宴場合相遇。

## 小道消息

喬伊斯・卡洛・奧茲喜歡運動，尤其對拳擊著迷，從她還是小女孩，她父親帶她一起去看拳賽開始。不過她自己從不曾打過拳擊，只是非常熱衷跑步。她在慢跑的時候把腦子騰空，即使（或者正因）如此還是冒出新的點子。

跑步的時候，精神和身體一起逃脫，語言似乎跳動著在腦子裡神奇地綻放，和我們的雙腳以及雙手的擺動和諧一致。

## 作品

五十本長篇小說（大部分很厚），此外還有短篇小說、詩、劇作、評論以及論文——喬伊斯・卡洛・奧茲（她自稱 JCO，喜歡以第三人稱談論自己）是當代最多產也最多面

| 尼克森成為<br>美國總統 | 胡士托<br>音樂節 | 果爾達・梅爾成為<br>以色列首位女性總理 | 威利・布蘭特成為<br>德國總理 |
|---|---|---|---|

1969

| 《他們》<br>喬伊斯・卡洛・奧茲 | 《教父》<br>馬里奧・普佐 |
|---|---|

《他們》，1969 年

蘿瑞塔

爸爸是酒鬼 · 母親已逝

兄長射殺她的情人

第一段婚姻

第二段婚姻

孩子：謀殺犯、娼妓、搗蛋鬼

向的女作家，不時被列在諾貝爾文學獎候選名單上。但是斯德哥爾摩嚴格的先生們（以及一位女士）感到為難，不知如何表彰不僅內容充實卻又易於閱讀的文字。

奧茲的寫作主題是未加粉飾的現實，醜陋的美國──複雜的生平經歷，破碎的家庭，暴力，性愛，種族衝突。但是她也寫作魔幻故事（《貝爾弗勒》，1980），恐怖小說（以筆名羅莎蒙德 · 史密斯發表），童書和青少年文學、自傳性質作品（《我的悲傷時刻》，2011，痛失丈夫的經歷），還有一些出人意表的作品，例如絕妙的評論集《論拳擊》（1987），以及關於瑪麗蓮 · 夢露的傳記性小說《金髮》（2000）。

### 📖 《他們》

故事從 1937 年開始，十六歲蘿瑞塔的未來在一夕之間破碎，因為她的哥哥射殺她的情人柏爾尼。

蘿瑞塔逃走，結識一個年長的警察，她也立刻嫁給對方。不久之後她生了一個兒子朱爾（柏爾尼可能是父親），後來又生了兩個女兒。

她的丈夫霍華德參戰，蘿瑞塔和孩子們搬到底特律，家庭的戲劇性情節繼續在此發生：兒子朱爾和錯誤的人廝混，女兒茉琳變成妓女，霍華德去世，蘿瑞塔再婚，朱爾被前情人射傷。後來朱爾的傷勢復原，但是進入犯罪圈的墮勢已不可擋。

1967 年發生種族暴動，蘿瑞塔的房子燒毀，她自殺。最後的希望是茉琳，她建立了自己的家庭。

### 迴響

美國夢陰暗的反面──喬伊斯 · 卡洛 · 奧茲因為這個社會墮落的故事，在 1970 年獲得國家書卷獎。她本人也認為這是她最重要的作品之一。

# 雞仔文學和媽咪文學
## 誰怕陳詞濫調

雞仔文學（Chick Lit）是海倫‧菲爾丁「發明」的——她的長篇小說《BJ 單身日記》為其濫觴。英文 Chick（小雞之意）是對年輕女性（不怎麼友善）的稱呼，Lit 指的就是文學，原則上是給三十歲上下的人閱讀的娛樂小說（尋找夢幻王子），有時比較高戲劇性，有時比較幽默。再來就是媽咪文學（Mom Lit），風格類似，但是女主角有丈夫和孩子。

瑪麗安‧凱斯 Marian Keyes
### 《西瓜》
沃爾徐家族傳記第一冊。
非常怪異。

喬喬‧莫伊絲 Jojo Moyes
### 《我就要你好好的》
莫伊絲＝女版尼可拉斯‧史派克，但是比較優秀。

洛里‧尼爾森‧斯比爾曼
Lori Nelson Spielman
### 《原諒石》
令人心痛，但是理性又幽默。

艾琳‧希爾德布蘭特 Elin Hilderbrand
### 《夏日戀情》
四個孩子、丈夫、情人，南塔克特。

麗莎‧朱沃 Lisa Jewell
### 《我們在其中長大的房子》
母親一團亂，手足分開生活＝成堆的麻煩。

莎拉‧摩斯 Sarah Moss
### 《海的名字》
其實不該收錄在此，是一本有關冰島的書，但是也敘述家庭故事，而且寫得很棒。

---

英語女性作家提供特別多優秀的娛樂文學，卻不至於過度膚淺／媚俗／平庸。上述幾位女作家的其他書籍幾乎都值得一讀。

# 歷史小說
橫亙古今的愛情與詭計

同樣頗受女性讀者歡迎的體裁。針對每個時代幾乎都有歷史小說——從石器時代到現代。最受歡迎的背景卻一直是中古世紀和兩次世界大戰。

夏洛特 · 林克 Charlotte Link
### 《暴風時代》三部曲
從第一次世界大戰直到 1970 年代
——充滿各種命運。

唐娜 · 克羅思 Donna W. Cross
### 《女教皇》
幽暗的中古世紀*，年輕女性，
許多詭計，當然也包括愛情。

譚雅 · 金克 Tanja Kinkel
### 《操偶師》
十五世紀，依舊幽暗。女巫迫害加
強版，並請參考上一則。

希拉蕊 · 曼特爾 Hilary Mantel
### 《狼廳》
亨利八世治下的英國——給知識份
子讀的歷史虛構小說。

伊麗莎白 · 弗利曼托 Elizabeth Fremantle
### 《女皇帝國》
亨利八世治下的英國——寫得比較
簡單。

朱迪思 · 連諾克斯 Judith Lennox
### 《沙灘上的足印》
第二次世界大戰，滿是愛情、激情
和悲劇。

---

*中古世紀尤其激發許多作者的靈感——但是成果經不起歷史驗證，文學表現也有待改善，然而這類小說的成功之路並未中斷（例如伊妮 · 羅倫茲所著的《流浪妓女傳奇》）。

# 艾莉絲・孟若 Alice Munro

1931 年生，加拿大

艾莉絲・安・萊德洛（Alice Ann Laidlaw）在一個經營不善的銀狐飼養場長大，已經夠怪異了，而她本應和一個農夫結婚。但是她九歲的時候對未來就已經有清楚的想法──和雙親的計畫完全不相符。她想成為作家。有份獎學金讓她得以在安大略讀兩年新聞傳播學，然後她中斷學業。太昂貴了。她和詹姆斯・孟若結婚，兩人一起開了家書店，生了四個女兒（其中一個兩歲就夭折）。

艾莉絲・孟若照顧孩子和持家，一邊寫作。也就是說：晚上和一大早，在孩子們入睡或正忙著做什麼的時候，趁中間的空檔書寫。她在削馬鈴薯的時候琢磨句子，然後在煮馬鈴薯的時候快速地把句子寫下來，通常直接就在廚房料理台上寫，或是在一個小小的書桌上。

或許時間不足是她選擇以短篇故事作為書寫形式的主要原因，短篇故事比較適合在包尿布、打掃、煮飯和洗衣服之間寫就。即使如此，一再被拖離寫作思緒還是很艱辛，但是艾莉絲・孟若想這麼做，而且她需要寫作。長時間以來，她並不自覺是個作家，她接受訪問的時候表示：「男人是作家，因此也有個寫作的辦公室。但女人沒有，女人偷空寫作。」

就連孩子長大離家，她和丈夫分手，找到新愛情，有更多時間寫作，艾莉絲・孟若還是寫短篇故事，這是她擅長的類型。

## 作品

艾莉絲・孟若從小就寫作，她還是大學生的時候，發表了她的第一篇短篇小說。第一本故事集出版於 1968 年，當時她已經快四十歲了，後續又出了其他作品集。艾莉絲・孟若描述加拿大省區的日常和生活，故事的主角大部分是女性。

她長時間努力試著寫長篇小說，直到她認知這根本就不必要。艾莉絲・孟若以短篇形式成為大師──獲頒無數獎項，被拿來和契訶夫相提並論；其他作家如強納森・法蘭岑、里察・福特和她的好友瑪格麗特・愛特伍都讚嘆她的才華。2013 年她獲頒諾貝爾文學獎，其實長期以來她都在候選名單內，獲獎之後大家還是無法置信。委員會終於選了一個暢銷作家，不必上過文學分析課就看得懂她的作品！除此之外，頒獎給孟若也表示將短篇故事視為獨立的藝術形式，不一定非要長篇小說不可。

## 小道消息

2012 年，《親愛的人生》出版，艾莉絲・孟若宣布這第十四本短篇故事集是她的最後一本書──她獲頒諾貝爾文學獎之後又重申了一次，她累了，卻是種愜意的疲累：「我有種已經做了想做的事情的感覺，這種感覺讓我滿足。」這本故事集的最後四個故事的確以「終局」為標題，而且具有自傳色彩。

# 朱迪絲 · 克爾 Judith Kerr

1923 年生，德國／英國

朱迪絲·克爾高齡的時候還說德語，但是帶有英語腔，而且常想不出適當的辭彙。她從 1935 年開始住在倫敦——她逃離納粹的終點。1933 年，就在希特勒奪權之前不久，克爾的家族就已離開柏林。剛好及時，因為朱迪絲的父親，猶太裔的戲劇評論家阿弗瑞德·克爾，就被列在希特勒的紅色名單上。他們流亡的第一站是瑞士一個小地方，從該處繼續前往巴黎，最後落腳倫敦。聽起來是艱困的童年，但是對九歲的朱迪絲而言卻像是場大冒險，她在巴黎時對父親說：「當個難民不是很棒嗎？」阿弗瑞德·克爾和妻子在倫敦從來沒有身在家鄉的感覺，他們的孩子朱迪絲和麥可卻在倫敦找到新故鄉。在困頓的戰爭年代之後，他們就留在倫敦。

> ——
>
> 我的雙親難以承受，而我的生活卻如此幸福。

朱迪絲·克爾上藝術大學，擔任自由藝術家以及英國國家廣播電台的編輯。她在那裡遇到真愛：湯瑪斯·奈傑·尼爾，暱稱湯姆。兩人結婚，生了兩個孩子，湯姆成為知名的腳本編劇，朱迪絲·克爾起初只是個家庭主婦。但是孩子們到了學齡，她開始覺得當家庭主婦太無聊了。她寫、畫了繪本《來喝下午茶的老虎》，把故事賣給哈潑柯林斯出版社，獲得成功。創作其他繪本之後，她想為孩子們寫一本有關自己童年的書——後來發現是個困難的計畫。

她用鉛筆寫作，擦掉，重寫。最後稿紙都被擦破洞，朱迪絲·克爾感到沮喪，因為她有種忽略家庭的感覺。但是她的丈夫湯姆一再鼓勵她，《希特勒偷走了粉紅兔》變成世界暢銷書。

## 作品

朱迪絲·克爾其實自覺是個插畫家，英國的每個孩子都知道她的繪本《來喝下午茶的老虎》（1968），以及好奇貓莫格的系列繪本（從 1970-2015 年共十八冊）。相對的，在德國大家比較知道她的童年回憶創作《希特勒偷走了粉紅兔》。這本書 1971 年以英文出版，兩年後出版德語版。加上兩本續集，朱迪絲·克爾完成她的自傳，直到高齡，她還寫了許多青少年書籍（但沒有德語版），並且擔任插畫師的工作。

### 📖 《希特勒偷走了粉紅兔》

就算書中的女主角名叫安娜，這本書敘述的是朱迪絲·克爾個人的故事，描述他們如何逃亡到瑞士，安娜和兄弟很快就找到朋友，卻必須離開——前往巴黎。他們在巴黎必須上學，一切都以外語學習，生活貧困。雙親對此景況甚感痛苦，但是安娜不服輸。

# 特別精選
## 快速瀏覽女作家生平

### 克里斯蒂娜‧諾斯特林格
### Christine Nöstlinger
### 1936 年生，奧地利

一整個世代都讀著克里斯蒂娜‧諾斯特林格的童書長大，最興奮的是家長：這是種新型態的文學，沒有健全的世界，沒有郊遊和小馬農莊——不，她的書寫實：離婚、環境問題、貧窮和衝突。克里斯蒂娜‧諾斯特林格的書寫政治性，而且批判社會，但是通常很幽默。她的突破之作是幻想故事《小黃瓜國王》，也贏得德國青少年文學獎。小黃瓜國王是個暴君，被臣民驅逐，向霍格曼家族請求庇護，在那裡發號施令，操縱一切。她的自傳性長篇小說《金龜子飛吧！》（1973）中，諾斯特林格敘述維也納在戰爭結束及戰後時期的故事。她後來的著作同樣不含教育寓意，好比她分成二十個部分的系列《法蘭茲故事》。

### 埃麗卡‧容
### Erica Jong
### 1942 年生，美國

「就歷史可回溯，書都是以精液而非以經血撰寫。」情慾暢銷書《怕飛》女主角依莎朵拉‧溫如是說，起初讓美國讀者繼而讓全世界呼吸急促。本書是三十一歲的埃麗卡‧容（部分自傳性）處女作，當時人稱她是「女版亨利‧米勒」，後來她被視為 1970 年代的 E. L. 詹姆絲。《怕飛》雖然沒有性虐情節（女性世界還沒那麼前衛），但是有許多性愛幻想，以及（當時招來憤怒的）露骨字眼，好比「自發性交」、「外陰」和「大鵰」（呼！）。情節倒是簡單：依莎朵拉和丈夫飛到維也納，卻在那裡愛上阿德里安，和他遊遍歐洲（大量性愛描述），最後回到丈夫身邊。因為露骨的語言，作者被斥責是妓女和賤貨（尤其來自男性），但是本書被閱讀幾百萬次（大多是女性）。埃麗卡‧容之後也寫其他主題的書，還算成功，但是她後來的書都比不上這本性自覺的小說。2015 年《怕死》出版，文學界以為會引發新醜聞，結果只是有關老化的通俗小說。

第一部電子遊戲機
（美格福斯奧德賽）

德國首次出現女性聯邦議會議長
（安娜瑪莉‧倫格）

1972

《小黃瓜國王》
克里斯蒂娜‧諾斯特林格

《新少年維特的煩惱》
皮倫茲杜夫

## 克爾絲汀・艾克曼
### Kerstin Ekman
1933 年生，瑞典

這位瑞典文學教母的突破之作是《女巫指環》（1974），《瓦姆斯塔》四部曲的第一部，描述近一世紀一個瑞典小城裡的生活。女主角是三個女性：妥拉・蘭斯、母親艾德拉和祖母莎拉，她們的貧困生活——偉大卻不易讀的文學作品。艾克曼全球知名的長篇小說是《水邊事件》（1993），但她最不平凡的書當數《森林，文學漫步》（2007），描述……森林。

1978 年，克爾絲汀・艾克曼入選為瑞典學院院士，她是唯一的女性。1989 年她退出——抗議學院在薩爾曼・魯西迪受到死刑追殺的時候，沒有聲明官方立場。

## 柯林・馬嘉露
### Colleen McCullough
1937-2015 年，澳洲

漂亮的農家女孩瑪姬愛上魅力十足的洛夫・布里卡薩特，至死不渝。而洛夫其實也愛上她，只不過：這是不可能的愛，因為洛夫是天主教神父！《刺鳥》，1977 年出版，是柯林・馬嘉露的暢銷書，1983 年改編成電影，里察・張伯倫穿著神父罩袍，瑞秋・沃德大大的髮捲，還有亨利・曼西尼美妙順耳的主題曲（噠－噠噠－噠——）。少有小說角色能比之更完美地不朽。

作者柯林・馬嘉露（她的父親是愛爾蘭人，母親為紐西蘭籍，有毛利先祖）其實是神經學家，在醫院裡工作，後來到美國作研究。還在耶魯大學的時候，她寫了第一部長篇小說《提姆》，描述一個智能不足的年輕人，被所有的人欺負。四十歲的瑪麗把他留在身邊，教他讀書寫字，兩人發展出戀情，各方卻投以懷疑的眼光。之後就是她的第二本書《刺鳥》，變成全球暢銷書，柯林・馬嘉露得以專注在寫作上。她返回澳洲，結婚，繼續寫作：令人心痛的長篇小說，歷史系列小說《羅馬主宰》（講述羅馬共和國滅亡前的最後時日），以及犯罪小說。

# 安 · 萊絲 Anne Rice

**1941-2022 年，美國**

她出生的時候名字是霍華·愛倫·歐布萊恩（Howard Allen O'Brien）——嗯……霍華？是的，霍華是她父親的名字，他想要把自己的名字傳下去，就算是安在女兒頭上也要這麼做。但是她第一天上學被問到她叫什麼名字，她乾脆地說：安。從這時起她一直都叫這個名字。

——

你心裡有個故事——在你的靜默和痛苦後面，它等著被寫下來。

她在高中時認識史丹·萊絲，兩人很年輕就結婚，搬到舊金山。他們周圍都是嬉皮，但是安·萊絲一直立定腳步。她上大學，主修創意寫作，生了個女兒，但五歲時死於白血病。她哀傷之餘想到一個短篇故事，那是她在上大學的時候寫的，於是把故事寫成長篇小說：《夜訪吸血鬼》成為暢銷書。

1988 年，她和丈夫回到家鄉紐奧良。戲劇性的：1998 年她因糖尿病而昏迷，她沒及時發現自己生病。但是她康復了，重拾天主教信仰（在她十八歲脫離教會之後），不再

想寫吸血鬼的故事。但是十年後，安·萊絲徹底離開教會，因為她無法接受天主教的道德觀念。

2005 年起，她住在加利福尼亞，在兒子克里斯多福附近，他也是個暢銷小說家。

## 作品

《夜訪吸血鬼》是暢銷書，但是安·萊絲給自己九年的時間才寫下續集。吸血鬼的故事總共有十一部，雖然安·萊絲在這中間轉向女巫（《巫異時刻》，1990），展開新的吸血鬼系列（《潘朵拉》，1998），完全棄絕幻想故事，取代的是耶穌故事的描寫（《耶穌基督：走出埃及》，2005）。

## 喔喔！

使用浪漫美妙的筆名 A. N. 羅克蘿拉（Roquelaure），安·萊絲也寫過情慾小說。例如《睡美人》四部曲，沉睡的美人被王子以非常淫蕩的方式吻醒，接著赤身裸體被拖到他的城堡。一到達城堡，就讓人把她教導成取樂的女奴。

在德國，這些書長期只是列在目錄裡，2011

| 越南戰爭結束 | 哈佛廢除女性入學限制 | 首屆聯合國世界婦女會議 | 微軟公司成立 |
|---|---|---|---|

《夜訪吸血鬼》，1976 年

年卻又在一家性虐出版社出版（更加上指標性的書名《酷刑柱》）。但是自從綁縛性虐小說隨著《格雷的五十道陰影》淹沒書市之後，淫樂女奴已經不足以令人睜大雙眼。

### 📖 《夜訪吸血鬼》

框架情節發生在二十世紀的舊金山：有個年輕人請求吸血鬼路易斯敘述自己的故事，路易斯的故事是這樣的：吸血鬼雷斯塔在紐奧良將憂鬱的路易斯變成了他的同類（咬！吸血！）。

真不巧：路易斯覺得吸人的血不道德，寧可喝動物的血。某一天（時間對吸血鬼都是相對的），他們遇到一個小女孩克勞迪亞，把她變成吸血鬼女兒（咬！吸血！），而克勞迪亞從此維持小孩的身形。

之後克勞迪亞和路易斯離開雷斯塔，遊歷歐洲，遇到吸血鬼阿曼德，在克勞迪亞被毀滅之後，阿曼德就和路易斯繼續前進。結果路易斯也離開阿曼德，最後來到舊金山。

### 名言

> 安靜。我現在要吸你的血，直到你瀕臨死亡邊緣，你必須保持安靜，安靜到你覺得聽見血在血管裡流動，安靜到你能聽到自己的血也在我的血管裡流動。你需要所有意志，完整的意識，好讓自己活著。

雷斯塔轉化路易斯之前說的話。

### 小道消息

紐奧良因為安・萊絲成為吸血鬼勝地，她的吸血鬼傳奇大部分都以此地為背景，法國區的歷史建築用來當作許多可怕劇情的舞台，電影的幾幕甚至就在紐奧良拍攝。

史蒂芬妮・梅爾的《暮光之城》系列（請見第 167 頁）於 2005 年引發新的吸血鬼熱潮，大家又記起雷斯塔等吸血鬼，以及作者的家鄉。在紐奧良有特別為遊客設計的行程，此外還有吸血鬼酒吧、吸血鬼舞會，以及一個特殊的吸血鬼精品店。在這個精品店可以購買吸血鬼蠟燭、恐怖娃娃和黑色的棺材。

# 克莉絲塔・沃爾夫 Christa Wolf

1929-2011 年，德國

德國戰後文學的偶像，是安娜・塞格斯之外最知名的東德作家。克莉絲塔・沃爾夫（在她擔任過編撰和編輯之後）確實在三十出頭就能以寫作維生。她是東德社會主義統一黨的黨員，東德作家協會理事，甚至是中央委員會的候選人。但是克莉絲塔・沃爾夫保持批判性，她簽署「反對沃夫・畢爾曼被褫奪公民權公開信」，也維護其他作家，在 1965 年第十一次中央委員會全會（即所謂「清除全會」）反對會中所決議的嚴苛文化政策。

克莉絲塔・沃爾夫是社會主義者，但是她拒絕接受東德政權的井蛙之見。在朗讀之旅中，她拜訪了各個西歐國家和美國，總是致力於建立東、西方的對話。1989 年她示威反對東德政治，不久之後請求人們不要離開國家，而是協助改革社會主義。

在東德轉型（她拒絕這個說法）後，克莉絲塔・沃爾夫的作家生涯並不好過。她的作品無法重拾過去的成就，而當她 1993 年自白以「IM 瑪格麗特」的代號為東德特務機關工作，各種惡意和批評重重落下，雖然她的間諜工作無足輕重，沒有傷害任何人，而且她在這期間其實也被長時間全面監視。

———

文學根本只能源自矛盾，否則只會導致無聊。

## 作品

她的第二本書，記述小說《分裂的天空》（1963，一段因為兩德分裂而以悲劇告終的愛情故事）就已經很成功，是東德最常被討論的書籍之一。她的長篇小說《思考克莉絲塔・T》（1968，一個年輕理想主義女性，承受東德現實的痛苦）起初被列在審查機關黑名單上，後來才以非常少的數量印行。

克莉絲塔・沃爾夫描述生活和愛情故事——發生於現在或過去的：《沒有地點，無處》（1979）虛構海利希・克萊斯特和詩人卡洛琳・君德羅德的相遇；《卡珊德拉》（1983）以女先知卡珊德拉的視角描述特洛伊戰爭；《事故》（1987）敘述車諾比災難。當然每本小說至少有一個過渡敘述，連結社會和政治。

### 📖 《童年模式》

內麗・喬爾丹在波蘭長大，她的雙親批判納粹卻不敢表態。他們掛起希特勒的肖像，視而不見。內麗被老師教導成熱切的希特勒崇拜者。戰爭爆發，內麗的家族必須逃亡。幾十年後，內麗和她十五歲的女兒蓮卡一起到波蘭家鄉，回想起自己的童年。

克莉絲塔・沃爾夫在書中將當代和過往交織敘述，一切都相關相連。

| 德國婚姻權改革<br>（終結男主外女主內婚姻形態） | 修改墮胎條文<br>（第 218 條） |
| --- | --- |

1976

《童年模式》
克莉絲塔・沃爾夫

# 阿內絲 · 尼恩 Anaïs Nin

**1903-1977 年，美國**

她放蕩的愛情生活讓她出名，一切起初相當無害，先不管她的古巴藝術家雙親很早就分手，母親帶著阿內絲和兄弟們相當頻繁地搬家：從巴黎到巴塞隆納，再到紐約，然後到長島。

———

含苞未放的危機比盛開的危機更痛苦，那一天終於來臨。

阿內絲 · 尼恩在二十歲的時候，嫁給了銀行員休 · 桂勒，和他一起搬到巴黎。她在那裡雖然也有一、兩段戀情，但是直到1931年，她認識年長十一歲的亨利 · 米勒後才不可收拾。波西米亞萬歲！阿內絲協助亨利寫作他的長篇小說《北回歸線》，和他以及他的妻子君恩開始三人行。生活就是實驗場，阿內絲想體驗一切，嘗試所有的事情，並且描述在日記裡。當時正流行心理分析，阿內絲 · 尼恩也接受分析，當然和治療師發生性關係。在狂野的巴黎時期，她同時擁有四個情人，她丈夫則在倫敦工作。第二次世界大戰爆發，阿內絲和休前往紐約，在那裡繼續和其他男性、女性做愛，直到她四十二歲展開一段穩定的雙重生活：她和新愛人魯柏特 · 波一起住在加州，和休（從銀行員變成地下電影導演）住在紐約。據說休直到她死亡都對她的雙重生活一無所知——尼恩（難以置信地）和兩個男人都正式結婚！

## 作品

阿內絲 · 尼恩以她的日記而聞名全球，幾本日記發表介於 1966 和 1983 年。尼恩也寫作長篇小說和記述小說，但是大部分都已被遺忘。

### 📖《維納斯三角洲》

包含十五個情色記述小說集，這本是尼恩最著名的書之一，即使是在她死後才以文集形式出版。其實亨利 · 米勒於 1940 年代曾在巴黎接受委任，為一個匿名的美國收藏家寫情色小說，每頁一美元。起初他從中獲得樂趣，後來開始覺得無趣，於是阿內絲就為他代筆。收藏家要求多點性愛，少點詩意——她一點都不喜歡。因此她故意寫得極端，使得性愛場面幾乎變成諷刺漫畫。

## 名言

> 他的手放在她頭上，把她的頭向下壓，好讓她的嘴終於含住他的情慾活塞。

## 小道消息

阿內絲 · 尼恩以這本小說賺進的錢資助她當時的情人羣扎雷斯去看牙醫，他太太獲得一大面鏡子，亨利 · 米勒則拿到旅行贊助。

摩里森
美國良知

# 童妮・摩里森 Toni Morrison
1931 年生，美國

一頭灰色的髮辮是她的標誌：就算身為年長女性，童妮・摩里森還是以她的方式閃閃發光。

1960 年代末，這位黑人女性帶著嶄新的自信登場，稱頌著「黑就是美」——童妮・摩里森認為需要提醒大家想起其他時代，想到奴隸制度、壓迫，以及日常生活中的種族主義。

童妮・摩里森發表第一部長篇小說的時候三十九歲，她上大學、教書、結婚、生了兩個孩子、離婚。她擔任出版社編輯，在晚上，或是身為單親媽媽在白天能找出的少數空隙寫作，經常也一邊把孩子抱在懷裡。

黑人平權是她的終生課題。1993 年她獲頒諾貝爾文學獎，是第一個獲獎的美國黑人女性；2009 年，巴拉克・歐巴馬當選總統時，她才初次覺得自己是真正的美國人。但是，她說一切還沒有過去，繼續寫作，描述黑人在一個白人大陸上的命運。

## 作品
她第一部長篇小說《最藍的眼睛》（1970）就被評論家和讀者所接受，而使她大放異彩的是《所羅門之歌》（1977），《寵兒》（1987）讓她獲頒普立茲獎。長篇小說《爵士》（1992）也令人印象深刻，故事背景是1920 年代的哈林區。

### 📖《所羅門之歌》
一個非裔美國家族的故事：主角馬康・岱德三世，大家叫他牛奶人，從他密西根的家鄉出發旅行前往南方，為了尋找家族寶藏。他沒有找到寶藏，於是繼續旅行，這時他轉而尋找自己的根。他投入家族歷史，一直回溯到他的曾祖父所羅門。所羅門掌握神奇的飛行技術，他飛回非洲，使自己免於被奴役。牛奶人從小就夢想著飛行，最後他躍過（飛躍！）一個深淵。

### 小道消息
《所羅門之歌》常以巴拉克・歐巴馬最喜愛的書來推銷，也的確是歐巴馬最愛的十本書之一，順帶一提，歐巴馬的十大最愛書籍單子上的其他兩位女作家是多麗絲・萊辛和瑪莉蓮・羅賓遜。

《所羅門之歌》，1977 年

《所羅門之歌》
童妮·摩里森

《刺鳥》
柯林·馬嘉露

葛蒂瑪

種族分離政策的編年史家

# 娜汀．葛蒂瑪 Nadine Gordimer

1923-2014 年，南非

不公義的政權存在一天，娜汀．葛蒂瑪就以文學抵抗。種族分離政策終止以後，她繼續描寫南非社會的變化，那裡還充斥著歧視，遠不是一個提供白人和黑人同等機會的社會。

九歲的時候，娜汀．葛蒂瑪就已下定決心要成為作家。她是受盡保護的猶太移民之女，在白人社會當中長大，但是雙親努力讓她意識到身邊的種種不公義之處。她的母親為黑人設立幼兒園，娜汀．葛蒂瑪二十五歲時經歷了主張種族主義的民族黨贏得選舉，種族分離政策越來越肆無忌憚，反抗增加，尼爾森．曼德拉於 1962 年被捕，1980 年代的漸進改革——這一切都觸動娜汀．葛蒂瑪，並且重現在她的書裡。

葛蒂瑪也親自起身抵抗：不僅是她的長篇小說多次被列在禁書書單上（後來她稱之為榮耀，她說：「只有你如他們所願地寫作，才不會被禁。」），葛蒂瑪也公開表達自己的看法，致力於推動平權，1990 年成為非洲民族議會（ANC）的成員，該黨甚至想提名她擔任主席。但是這一切對她而言太過了，她不是政治家，而是藝術家。

但是她持續介入，即使 1994 年種族分離政策廢除之後。她致力於反抗貪污和濫權，追求真正的民主。私生活方面，葛蒂瑪在第二次婚姻當中過得很幸福，她和猶太裔的畫廊主人萊侯德．卡西爾結婚，他在 1935 年逃離柏林。

## 作品

娜汀．葛蒂瑪十五歲的時候在雜誌上發表了第一篇短篇小說，不過還是過了一段時間才完成第一部長篇小說。她在《說謊的日子》（1953）故事裡，敘述——部分是她自己的故事——一個年輕的白人女孩反抗種族分離政策。1974 年她以《生態保護者》獲得曼布克獎，真正奠定她地位的則是《博格的女兒》（1979，她個人最愛的小說）以及《朱利的子民》（1981）。葛蒂瑪寫了十五部長篇小說，許多評論和記述小說，1991 年獲頒諾貝爾文學獎。

### 《博格的女兒》

羅莎．博格的雙親是積極反抗種族隔離的白人之一。羅莎十四歲的時候，母親死在監獄

《博格的女兒》，1979 年

裡。她的父親，一個備受景仰的醫師，被判終生監禁。羅莎只能自食其力——被貼上兩個反政權者女兒的標籤。她自覺有義務繼續為父母的主張而奮鬥，當她二十四歲時，她父親也死在獄中，她終於擺脫被加在身上的角色。她旅行到歐洲，經歷另一種政治，以及愛情，最後回到南非。她擔任物理治療師的工作，然而當 1976 年學生在索韋托（Soweto）抗議種族隔離政策，幾百個人因此死亡，羅莎也再次起身對抗隔離政策，一年之後被捕。

沒有人知道痛苦何時才會開始結束。

## 小道消息
正如娜汀‧葛蒂瑪所預料，這部長篇小說在南非被禁。*直到知名作家如海里希‧波爾及艾瑞斯‧梅鐸抗議出版審查，這本書才出現在葛蒂瑪的家鄉。1980 年她以《博格的女兒的遭遇》為標題出版評論集，主題就是南非的出版審查制度。

## 📖《朱利的子民》
葛蒂瑪在本書描述隔離政策的可能結果：黑人爭取自由的一次革命之後，南非爆發內戰。正如許多白人家庭，斯梅爾一家逃亡，在家僕朱利的家鄉村落找到藏身處。即使斯梅爾一直都反對種族隔離，這時和前家僕的黑人大家族一起在田裡工作，他們還是覺得怪異。朱利的族人也不信任他的前主人。結局未定。

---

＊有一本被走私到尼爾森‧曼德拉在羅本島的牢房裡——他也表示喜歡這本書。他的看法對娜汀‧葛蒂瑪很重要，她也想前往拜訪曼德拉，但是這個（雙方的）期望並未實現。直到曼德拉於 1990 年獲釋，兩人才會面——葛蒂瑪等在監獄大門前。她是最初一批能和曼德拉說話的人之一。十七年後，她寄給曼德拉一本她簽名的《博格的女兒》，還寫上長長的獻詞。

傑巴

獨立者

# 阿希亞・傑巴 Assia Djebar

1936-2015 年，阿爾及利亞

法蒂瑪・佐拉・伊瑪萊耶（Fatima-Zohra Ima-layène）於 1936 年誕生在阿爾及爾附近，在傳統的伊斯蘭大家庭裡成長。她的父親給她相當程度的自由，她是唯一一個能上法語學校的穆斯林女孩，父親在那裡當教師，之後她又上法語中學。她不必蒙面紗，也不必在青少年時期就結婚。但是父親的寬容還是有界線：法蒂瑪還小的時候就不容許裸露雙腿，父親嚴格禁止她騎腳踏車，之後當然也禁止和男性接觸。

> 每個作家的任務在語言。

1954 年，阿爾及利亞戰爭前不久，她前往巴黎，為了在菁英大學研讀歷史，是第一個能這麼做的阿爾及利亞女性。但是因為她示威抗議殖民主義，於是被大學開除，她便開始寫作。不到二十一歲就以筆名阿希亞・傑巴發表第一部長篇小說，《渴望》（1957）是個愛情故事，描寫性愛，不是她家人會想看到的東西。她家鄉的人確實相當震驚，但是這本書展開一段了不起的作家生涯。

阿希亞・傑巴積極爭取阿拉伯女性的獨立自主，追求民主獨立的阿爾及利亞。她以法語寫作，但從不曾背叛自己的出身。1970 年代她住在阿爾及爾，尋找她的根，專注研究祖國的歷史，拍了兩部成功的紀錄片（阿拉伯語！）。但是傑巴無法在男性主導的社會長期生活──1980 年又搬回巴黎，只為「拜訪」才前往家鄉。

## 作品

阿希亞・傑巴長期以來都是諾貝爾文學獎的候選人，但是這位阿爾及利亞作家在這方面一無所獲。相對的她獲得其他許多表彰，好比德國書商和平獎（2000）。2005 年，傑巴被召入法蘭西學院──是馬格里布獲此殊榮的首位女作家。

她的處女作《渴望》一推出就很轟動，1960 年代的長篇小說也一樣成功。1970 年代暫停作家活動之後，她的作品擺脫線性敘述：後現代正流行，也就是多個情節和時間層面。她的重要作品當數系列長篇小說「阿爾及利亞四重奏」，尤其是第一部的《愛，幻想曲》（1985）。這部長篇小說敘述一個阿爾及利

《公寓裡的阿爾及爾女人》，1980 年

亞女性的一生，以及該國的歷史，運用精緻的拼貼風格。

### 📖《公寓裡的阿爾及爾女人》

雖然（或說也因為）這「只是」一本記述小說集，卻是阿希亞·傑巴最受到歡迎的一本書。書中描述了 1958-1970 年間一些女性的命運，介於傳統和突破之間：強制婚姻、壓迫、剝奪自主權，卻也述及小心翼翼的女性解放。

### 名言

我是個沉默的囚犯，有點像阿爾及爾的一些女性，如今已不再看到她們蒙上傳統的面紗，但是出於害怕新的、難以預測的情況，於是蒙上另一種面紗，看不見卻存在的面紗。

### 📖《不在我父親家的任何地方》

阿希亞·傑巴的最後一本書出版於 2007 年——是部自傳性長篇小說。作者在其中描述自己在兩種完全不同的文化裡成長：一方面生活在傳統的大家族裡，另一方面在法語寄宿學校學習。殖民地主的學校讓她愛上法語和寫詩，為她打開通往全新世界的大門。

### 名言

我傾聽的時候，我在教室裡，同時也在別處。一切都延展開來，被扯碎，成長，天空在遠方，我們的老師，剛念完一首詩，對我而言是首長詩，很長很長的詩，不是蘇拉的詩句，而是「旅行邀約」，她說，在緊張的片刻後她又加上……「夏爾……波特萊爾」。

### 小道消息

冒險的人才有所得：法蒂瑪·佐拉·伊瑪萊耶是個無所畏懼的年輕女性，她在巴黎簽下第一份書的合約時，她快速地想出個筆名，阿希亞·傑巴——她喜歡這個名字，而且容易發音。接下來只要趕快修改一下出生日期（她還不滿二十一歲！），剪短頭髮。然後法蒂瑪／阿希亞就已經準備好過起作家生活了。然而她父親無視她的書，從來未曾置一詞。

# 享受吧！
## 女作家的不良嗜好

> 我不對生命的任何
> 事情感到後悔，除了
> 我沒做過的那些以外。
> ——香奈兒

| | 驚世駭俗 | 毒品 | 毫無節制 |
|---|---|---|---|
| 瑪格麗特·莒哈絲 | ★★★☆☆ | ——— | ——— |
| 英格柏·巴赫曼 | ★★☆☆☆ | ★★★★☆ （藥癮） | ——— |
| 朵樂希·帕克 | ★★★★★ | ★★☆☆☆ （菸癮） | ★★★★☆ |
| 賽爾達·費茲傑羅 | ★★★☆☆ | ★★★★☆ （藥癮） | ——— |
| 寇萊特 | ★★★★☆ | ——— | ★★☆☆☆ |
| 派翠西亞·海史密斯 | ★★☆☆☆ | ——— | ——— |
| 阿內絲·尼恩 | ★★★★☆ | ——— | ★★☆☆☆ |
| 朱娜·巴恩斯 | ★★★★★ | ★★★★☆ | ★★★☆☆ |
| 弗朗索瓦·莎岡 | ★★★★☆ | ★★★★☆ | ★★★★★ |
| 艾瑞斯·梅鐸 （主要是她的少年時期） | ★★☆☆☆ | ——— | ★★☆☆☆ |
| 西蒙·波娃 | ★★★★☆ | ——— | ★☆☆☆☆ |

宴會、賭博、賽馬、開快車。

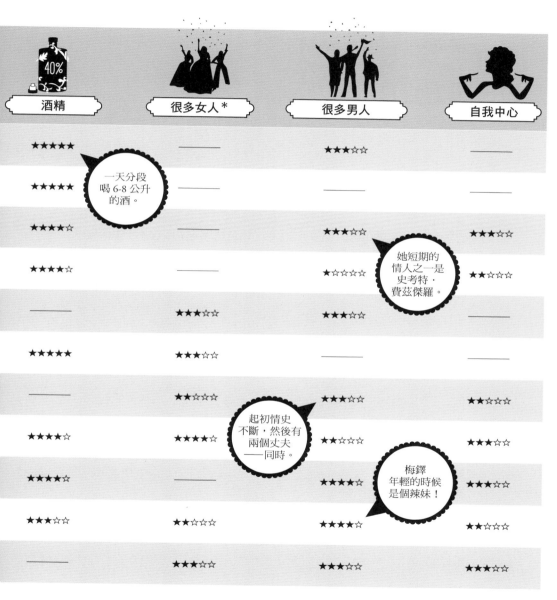

| 酒精 | 很多女人* | 很多男人 | 自我中心 |
|---|---|---|---|
| ★★★★★ | ― | ★★★☆☆ | ― |
| ★★★★★ | ― | ― | ― |
| ★★★★☆ | ― | ★★★☆☆ | ★★★☆☆ |
| ★★★★☆ | ― | ★☆☆☆☆ | ★★☆☆☆ |
| ― | ★★★☆☆ | ★★★☆☆ | ― |
| ★★★★★ | ★★★☆☆ | ― | ― |
| ― | ★★☆☆☆ | ★★★☆☆ | ★★☆☆☆ |
| ★★★★☆ | ★★★★☆ | ★★☆☆☆ | ★★★☆☆ |
| ★★★★☆ | ― | ★★★★☆ | ★★★☆☆ |
| ★★★☆☆ | ★★☆☆☆ | ★★★★☆ | ★★☆☆☆ |
| ― | ★★★☆☆ | ★★★☆☆ | ★★★☆☆ |

一天分段喝 6-8 公升的酒。

她短期的情人之一是史考特·費茲傑羅。

起初情史不斷,然後有兩個丈夫——同時。

梅鐸年輕的時候是個辣妹!

*特別是在二十世紀初的前衛藝術家圈子,表現出喜好性愛實驗才算上道。女性、男性,同一時間,而且好幾個。
女作家如朱娜·巴恩斯喜歡男裝打扮:短髮、襯衫、領帶還有褲裝。令人震驚、自信又性感。請參考第 64 頁。

# 烏拉・韓 Ulla Hahn

1945 年生，德國

烏拉・韓是工人的孩子，在單純的環境裡長大，在萊茵河畔，介於科隆和杜塞道夫之間的一個小城。她高職畢業之後，就接受辦公室文員從業訓練。這時還沒有任何的跡象顯示，這個烏拉後來會成為德國當代最有名的抒情詩人。

但是她有野心，補修學分取得高中文憑，到科隆上大學讀德語文學，在布萊梅工作當記者。

———

**抓住我的才能被我掌握。**

三十六歲時，她發表第一本詩集，一鳴驚人地成功。她繼續寫作，寫了非常多，喜歡描寫愛情。她將近五十歲才遇見自己的愛：前漢堡市長克勞斯・多南尼，兩人結婚，一起住在阿斯特河畔的別墅裡。烏拉・韓沒有改姓，她能安靜工作的二樓還有獨立的門鈴門牌。

## 作品

成功的抒情詩集很少見，一年之內售出一萬八千本根本難以置信，烏拉・韓以《心勝於腦》（1981）辦到了——知名的德國文學評論家馬歇爾・萊西－朗尼基也幫了一點忙，他發掘了烏拉・韓，對她讚譽有加。

她起初還是寫詩，1991 年敢於嘗試長篇小說，但是結果並不理想。十年後再試一次：《隱藏的字句》（2001）是自傳性長篇小說三部曲的第一部，也是烏拉・韓身為散文作家的突破之作。即使女主角希拉・潘無法和作者劃上等號，二者之間有許多共通點。這本書使烏拉・韓和萊西－朗尼基產生嫌隙，但卻獲得了德國書展獎以及 50 萬個熱情的讀者。

## 小道消息

她雙親從前的房子從 2013 年開始成為兒童及青少年文學的聚會場所，有工作室、讀者俱樂部，推動小孩子們的語言和閱讀，此外還有頒發給三十五歲以下作者最佳首作的烏拉・韓獎。

| 1981 | 查爾斯和黛安娜結婚 | 德文首次以 i 結合男女性稱謂於一字 | 太空梭首航 | 和平運動 |
|---|---|---|---|---|

1981

| 《預知死亡紀事》馬奎斯 | 《心勝於腦》烏拉・韓 | 《新罕布夏旅館》厄文 |
|---|---|---|

## 可以是一生

我在腋窩築起我的巢
那個戴著金盔的男人他走
我就不動地跟著走。他彎下
身體，我就直立著照做。
他臉上流汗吃著麵包
我被氣味迷醉
在男性的手臂下。
他說是或說不，無疑一直
是我的。沒有播種就沒有收穫：他
畢竟餵養我給我衣著。多的也不要
只要每天的定量
我把無刺的玫瑰圍成他的頭冠
啁啾著環繞神的頭。

選自：烏拉‧韓，《心勝於腦》，© 1981，德國出版社，藍燈書屋出版集團。

華克
活動家

# 愛麗絲 · 華克 Alice Walker
**1944 年生，英國**

愛麗絲 · 華克的文學之路聽起來就像是童話——同樣美好也同等殘酷。她在喬治亞度過光明、無憂無慮的童年生活，直到 1952 年的那一天：愛麗絲八歲大，她的哥哥用一把空氣槍射擊她。*事情發生時，他們正在玩，但是他射中她的右眼，傷勢嚴重到使她單眼失明。其他的孩子取笑她，因為眼睛結痂，而且看起來很奇怪。愛麗絲完全退縮，再也不到外面玩，只是一直看書。她後來注意到，世界文學經典全部都是白人寫的，很快她就自己開始寫詩。

她十四歲的時候到紐約拜訪她的一個哥哥，這是她生命的下一個轉折點。他看出妹妹承受無比的痛苦，於是支付手術費，重建她的眼睛外觀。這麼一來就再也看不出傷痕，愛麗絲重贏自信。她在高中是成績最好的學生，獲得亞特蘭大大學的獎學金。她投身反抗種族隔離的民權運動，和她的丈夫一起，他是個白人猶太裔律師。

> 大部分的人放棄自己的權力，一邊以為自己沒有權力。

她經常搬家，經常旅行，參與民權運動，當老師，擔任女性主義雜誌《Ms》的發行人。她生了個女兒，離婚，和男性、女性發生新戀情（其中包括歌手崔西 · 查普曼）。
愛麗絲 · 華克一直保持鬥志昂揚：她表態反對南非種族隔離，反對伊拉克戰爭，支持巴勒斯坦人（反對以色列人佔領加薩走廊），也一再地為女性發聲。身為堅定的女性主義者，她尤其反對女性生殖器切割。

## 作品
她的第三部長篇小說《紫色姊妹花》讓愛麗絲 · 華克舉世聞名。她以第一個非裔美國女作家的身分獲得普立茲獎。就算她在這本書之前與之後寫過許多作品（長篇小說、詩、記述小說和評論），在人們記憶裡永存的還是這本書信小說。而這也是她在德國唯一還能買到的作品。

### 📖《紫色姊妹花》
1920 年代的美國南方，十四歲的賽麗被繼父強暴，沉默地承受一切，因為她想保護妹妹內緹。她寫信向上帝告白她無望的生命。

| 福克蘭<br>戰役 | 柯爾<br>成為德國總理 | 第一部筆記型電腦<br>（比爾 · 摩格理吉） |
| --- | --- | --- |

《紫色姊妹花》，1982 年

她二度懷孕，孩子出生後都被帶走。她的母親死後，賽麗必須和一個陌生的鰥夫（書中只稱為「先生」）結婚，並且養大他的四個孩子。「先生」也虐待她，內緹為躲避好色的繼父，逃到賽麗身邊之際，「先生」還想染指內緹。

內緹離開了，賽麗再沒有妹妹的消息，她以為內緹已經死亡。真是糟糕透頂，的確，但情況好轉。先生帶著情人舒格回家，舒格卻變成賽麗的好朋友。賽麗變得比較有自信，自己賺錢，後來得知她的孩子和內緹住在非洲一個傳教士那裡。賽麗離開丈夫，惡劣的繼父也已經死亡，賽麗、內緹和孩子們一起住進父母的房子。好結局。

## 名言

他搶走我另一個孩子，這次是個男孩。[……] 我的胸部漲滿奶，流下我的胸膛。他說，看看你這副德行，穿件什麼。我該穿什麼？我什麼都沒有。

## 迴響

這本長篇小說雖然無比成功，但是也有一些批評，認為華克將黑人男性呈現為刻板的粗暴壓迫者。多年之後，愛麗絲·華克仍被某些人視為極端的女性主義者，好比她的女兒瑞蓓卡就抱怨：她不可以玩娃娃，在「母親是種奴役形式的信念」中長大。瑞蓓卡生了兒子的時候，愛麗絲·華克就和她疏遠。目前兩人又重修舊好。

## 小道消息

小說出版三年之後，由史蒂芬·史匹柏執導的改編電影上映，琥碧·戈柏擔任主角（使她在影壇上有所突破）。這部電影在 1986 年獲得十一項奧斯卡金像獎提名，但是沒有獲得任何獎項。有趣的是，《遠離非洲》才是當年度的大贏家——偏偏是部描述非洲農莊白人地主的電影。

---

＊愛麗絲·華克後來說自己是「自覺的女性主義者成人」帶著「父權傷口」。她確信她的哥哥當時是故意朝著她射擊——即使他可能不是認真想傷害她。

# 伊莎貝・阿言德 Isabel Allende

1942 年生，智利

是的，她是薩瓦多・阿言德的親戚，他在 1970 年被選為智利總統，伊莎貝是他的二等表親。1973 年使薩瓦多・阿言德喪命的皮諾契叛變，對伊莎貝也有所影響：在這之前，她是享有盛名的電視記者和主持人，有兩個孩子，創立一份女性主義雜誌，已經發表了一些短篇小說。叛變之後，她收留被新政權迫害的人，為他們張羅護照，取得國外證明。

最後連她和自己的家人也受到迫害，她便流亡到委內瑞拉。她的丈夫很快就找到工作，但阿言德必須從頭開始。她在學校管理單位工作，寫新聞報導。她的首部小說出人意表地成功之後，讓她瞬間成為拉丁美洲最知名的作者。從 1988 年起，她和第二任丈夫住在加州。1992 年遭受命運的打擊：她已成年的女兒寶拉因為代謝失常陷入昏迷，之後去世（阿言德後來將痛失親人的經驗改寫成自傳性的小說《寶拉》）。

> 文學之於人類，就像夢想之於個人。

## 作品

伊莎貝的祖父將死之際，她寫給祖父一封長信，因為她無法前往智利探望他。她寫了一整夜，就在廚房桌子上，後來變成她第一本書的手稿。沒有出版社想出版，但《精靈之屋》畢竟出版了，而且非常成功。續集小說（其中包括《伊娃・魯納》、《野獸之城》和《瑪雅的日記》）銷售成績都很好，但是再也沒能散發出《精靈之屋》的特殊魔力。

## 📖 《精靈之屋》

一個智利家族好幾世代的愛情、苦難和生活故事：艾斯特班・特魯艾巴和美麗的羅莎結婚，當她死去，艾斯特班哀傷不已。後來他成為地主，強暴婦女，和羅莎的妹妹克拉拉結婚，生了三個孩子。女兒布蘭卡懷孕的時候（孩子的爸是佩德羅＝管理人的兒子＝階級不對等），艾斯特班就毆打妻子，妻子於是離開他。

艾斯特班從政，擔任保守黨派的候選人，布蘭卡的女兒阿芭上大學，愛上一個社會主義者。左派贏得大選，佩德羅擔任部長，艾斯特班的地產被充公，他就參與政變計畫。但是發動軍事政變的時候，一切都不如計畫。艾斯特班非常失望，和布蘭卡和好，幫助佩德羅逃亡，從集中營救出阿芭。

## 迴響

即使小說簡述聽起來就是個有政治背景的故事，標題卻十分切合整本著作：人們有著綠色頭髮，飛過房間，可以預見未來。文學評論家覺得這種設定不太好，女性讀者卻因此更加喜愛這本書。《精靈之屋》是 1980 年代女性最愛的書籍。

# 艾芙烈·葉利尼克 Elfriede Jelinek

**1946 年生，奧地利**

自從艾芙烈·葉利尼克在 1970 年代開始發表作品，她就運用語言創造舞台。恐怖、異化、詭譎、神經質、迷惑、難讀。

艱困的童年？當然：她的父親有精神疾病，死在一家精神病院裡。母親則想要把艾芙烈變成音樂神童，讓她同時學習多種樂器：鋼琴、吉他、小提琴、長笛和中提琴。她也的確在十三歲的時候就被維也納音樂學院接受，後來她上大學念戲劇學和藝術史。葉利尼克有精神問題，寫詩，成為共產主義者，發表長篇小說，很快就引發一個接一個的醜聞。牽涉到女性的事情，她就很有鬥志，但並非十足的女性主義者。對葉利尼克而言，一切都和她本身相關。

---

> 我剷除語言的血肉，以驅走謊言……

## 作品

她的劇作《城堡劇院》（1985）變成政治事件，因為內容涉及到奧地利的納粹過往，揭穿某些重要人士的共犯真面目。《鋼琴師》（1983）被詮釋為具備自傳性質，而且讓人困惑。劇作《情慾》（1989）令人震驚（色情、醜惡、粗暴），奧地利人排斥這部戲，葉利尼克禁止本劇在家鄉奧地利上演。

2004 年她獲頒諾貝爾文學獎其實大出眾人意料，這對她造成壓力，她並未前往接受頒獎。但是獎金有益：葉利尼克的著作很多，但是並未獲得商業利益。

## 《鋼琴師》

鋼琴老師艾麗卡·寇胡特已經快四十歲了還和母親住在一起，甚至睡在同一張床上。母親禁止她交朋友，根本不許和男性約會。她當然大受打擊，劃傷自己，在窺視秀裡尋求性滿足。她的學生瓦特愛上她，兩人在廁所裡半推半就地發生性行為，讓兩人都感到錯亂。這時艾麗卡想到一個好點子，要求瓦特積極採取性虐行為，瓦特並不喜歡，強迫口交也沒有滿足艾麗卡，瓦特跑走，想殺死一隻紅鸛（真的！），幸好旁邊沒有紅鸛，取而代之的，瓦特強暴艾麗卡。第二天她考慮殺死瓦特，最後卻只刺向自己的肩膀。

## 名言

> 兩個年輕人正瘋狂爭執女性胸部大小，鋼琴老師像被強風掃過來，在兩人中間爆發，產生手榴彈一般的效果。

## 迴響

奇特、拼貼的語言，一切充滿象徵，自傳色彩？！或者是藝術。

| 開始使用行動電話 | 阿帕網變成網際網路 | 「希特勒日記」出版 |
|---|---|---|

# 一本書的製成

相關辭彙表

從手稿到裝訂好的書，這是一條漫長的道路，而且許多人參與其中。

### 手稿

只要書還沒有定稿都叫做手稿。目前通常是 word 檔案，在作者和編輯之間被寄來寄去。

### 代理商

為作者處理所有交易事宜。大部分的手稿目前都會先被寄給文學代理商。要是代理人被作者說服，會協議出一份合約，接著代理商會尋找出版社，代理商從中收取作者全部收入大約 15%。

### 編輯

充滿希望的寫手寄來的手稿由編輯審閱，篩選出（少數）值得期待的作品。然後編輯參與作者的創作過程，一再仔細閱讀，找出內容錯誤，建議刪減，維持作品特質。

### 拍賣競價

特別優秀的手稿會被正式拍賣競價，出版商可以提出報價，不僅包括預付款的多寡和抽成，還包括廣告計畫以及版權銷售等等。

### 合約

要是作者必須和出版社交涉就太煩人了，因此經常由代理商來進行。合約當中規範作者獲得書本售價的成數（版稅，通常約一成），預付款有多少（端視作者知名度，可能達到六位數，處女作有時根本沒有預付款，或是只有 500 歐元），以及出版社對這本書擁有的權力有哪些。

### 書皮／封面

書的外殼就稱為書皮。線裝書的書皮有堅硬的紙板（＝「精裝書」，通常還會有一張書衣），或是一般的紙板（＝「平裝書」，書皮同時也是外封）。口袋書的封面紙更柔軟（膠裝書）。

### 婊子兒和鞋匠男孩

德國古老的排版用語，「婊子兒」是段落的最後一句卻印在一頁的最上端（完全不行！）。

「鞋匠男孩」是段落的第一行卻印在一頁的最下端（只允許用在不得已的情況下！）。作者通常必須額外縮短句子，或是增加幾個字，好讓書看起來漂亮！

### 書封摺口文字

這部分通常用來點出書籍內容訊息，以及排放作者照片及生平簡介。摺口文字和封面一起營造重要的第一印象，因此編輯常花時間讓它們好看，而且文字要有說服力。

### 出版計畫

大部分德國出版社有春、秋兩季的出版計畫，也就是將出版的一定數量新書。所有這些書都會在出版計畫中介紹，這是為書店和記者準備的小冊子。一般當然也可以在網路上翻閱出版計畫，讀者可以一邊記下願望清單……

### 代理會議

一旦半年度的出版計畫確立，最初的手稿、書名和封面主題都已經決定，出版社就會邀請代理商，將最新的書秀色可餐地呈現在他們面前。因為代理商接著要拜訪一家又一家書店，好介紹並讚揚最新的出版計畫。

### 書籍定價

在德國，出版社訂定每本書的售價——所有書店都必須以同樣價格出售，不管是在車站裡的書報亭、網路書店還是街角的舒適書店都一樣。這種書籍定價並不是全球各國都有，在德國也經常被拿出來檢討。

# 瑪麗安・紀默・布雷利 Marion Zimmer Bradley

1930-1999 年，美國

小瑪麗安・紀默原本想當歌劇演唱家。沒有成功，於是她嘗試寫作歷史長篇小說，也沒有成功。她中斷教師學程，轉向寫作科幻小說，十九歲時和年長三十歲的鐵路局僱員羅伯・布雷利結婚。布雷利要她停止寫作垃圾科幻故事，寧可重回大學念書。她雖然重拾學業，但繼續寫作。她和布雷利離婚，為了即刻和作家也是貨幣學家瓦特・布里恩結婚。瑪麗安・紀默・布雷利保留之前的姓氏，因為她這幾年已經用這個名字闖出作者的名號。她寫作量大又很快，科幻和奇幻小說（也曾寫過一回情色小說，不過使用的是筆名），轉戰最低品質領域。她和布里恩生了兩個孩子（前次婚姻已經生了一個兒子）。

> 不論男女，都無法經歷他人的命運。

## 作品

瑪麗安・紀默・布雷利以系列小說《黑暗星球》（自 1962 年起）聞名，共二十一冊，內容關於一個星球和其居民，他們具有各種超感能力。銷售成績不錯，但偏向特定讀者群。長篇小說《亞法隆迷霧》（1983）才使紀默・布雷利成為真正的明星作家。一個女人在一片迷霧之上，手中握著一把劍，周圍一片白──令人難忘的封面，1980 年代幾乎所有女性都讀過這本書。媚俗──的確，但是也有女性主義的意味，這種組合快速拓展她的讀者群。

### 《亞法隆迷霧》

以亞瑟王的同母異父妹妹摩根妮的視角來看亞瑟王傳奇，她是伊格倫與戈洛伊公爵的女兒。根據先知的預言，伊格倫會為伍特夫國王生個兒子（＝亞瑟）。摩根妮十三歲的時候，她被教導成為亞法隆島上的女祭司（這座島經常消失在霧裡，因為人們對它的信仰並不堅定）。摩根妮愛上魅力十足的騎士蘭斯洛，蘭斯洛卻愛上絕美的關妮薇，關妮薇卻嫁給亞瑟。這四個主要人物之間有無數糾葛，涉及基督宗教對上克爾特信仰──最後亞法隆陷入濃霧之中，基督宗教勝利。

### 大同小異

以女性視角敘述知名的傳奇，這個點子的效果非常好，使得瑪麗安・紀默・布雷利在 1987 年再次嘗試：《火焚》敘述特洛伊戰爭（加上豐富的奇幻故事），以預言女祭司卡珊德拉的角度描述。

---

瑪麗安・紀默・布雷利身邊也圍繞著許多醜聞：她的丈夫瓦特・布里恩在 1990 年因虐待兒童被判刑。在布萊德利過世多年之後，她的女兒控訴母親：在她還小的時候虐待她。

| 1983 | 發現愛滋病毒 | 第一套文字處理程式（微軟 word） | 芭芭拉・卡特蘭在一年之內寫下 23 部長篇小說 |

# 瑪格麗特‧莒哈絲 Marguerite Duras

**1914-1996 年，法國**

短髮、黑色粗框眼鏡、香菸，有點臃腫——瑪格麗特‧莒哈絲看起來就像法國知識份子該有的樣子。

她的原名是瑪格麗特‧東那迪歐（Marguerite Donnadieu）*，出生在西貢附近，她的雙親在該地擔任教師，父親早逝，母親因為稻米種植計畫而使家族破產，並因此發瘋。瑪格麗特十七歲時回到法國，上大學，1940 年加入法國反抗軍。她嫁給一個反抗軍，卻愛上一個作家：三角戀，根本行不通。六十五歲的時候，她結識一個年輕三十八歲的崇拜者：揚‧安德雷，他成為莒哈絲的繆思（和情人）。安德雷陪伴她直到生命終點，在她喝太多（或太少）而拿不住筆的時候，他協助她寫作。

> 我突然感覺到渴望，想讀我的新書，於是我就寫了一本。

## 作品

她的第二部長篇小說《抵擋太平洋的堤壩》（1950），在法國獲得熱烈的評語；而使她國際知名的是電影腳本（《廣島之戀》，1959）。莒哈絲寫了三十部長篇小說（特別因為 1984 年的《情人》而聞名）、電影腳本、劇作和評論。她的作品並不容易消化：時間跳躍、視角轉換、中斷的句子——全都不是登上暢銷書單的要素。

## 📖《情人》

1930 年代，越南還叫「印度支那」，是法國殖民地。這部帶有自傳色彩的長篇小說故事就發生在此處：敘述者是個十五歲的法國女孩，在印度支那長大。她認識了一個明顯年長許多、富有的中國人，開始和他發生關係。她的母親震驚不已（和中國人有關係根本不恰當！），卻容忍這段關係，因為她能從中獲得經濟利益——無名的女主角的哥哥也一樣，那個中國人幫他清償賭債。但是他必須服從社會習俗，遵照父親的願望娶了一個望族女性。悲劇！即使如此，他還是張羅了船票，好讓敘述者一家能回到法國。

年輕女性回到法國的時候才十八歲，這時她知道自己是真的愛上了這個比她年長的中國人，試著忘記他，把精神投注在寫作上。幾十年後，他打電話給她，告訴她自己依然愛著她。

## 名言

> 她說，她不要他和自己說話，她要他做一般和他帶回家的女人會做的事。她懇求他這麼做。

---

*她發表第一部長篇小說的時候就取了個筆名：莒哈絲——是她父親誕生的法國村落地名。

英國礦工
罷工

1984

《情人》
瑪格麗特‧莒哈絲

《生命中不能承受之輕》
米蘭‧昆德拉

# 特別精選
快速瀏覽女作家生平

## 瑪格麗特 · 愛特伍
### Margaret Atwood
### 1939 年生，加拿大

諾貝爾文學獎永遠的最愛，加拿大最偉大的女作家之一。她的課題：大自然、環保、社會。

她還小的時候根本就是在北加拿大的森林裡長大；她的父親是昆蟲學家，她的母親是營養師——瑪格麗特起初在家裡接受教育，看很多書，很快就開始寫詩和故事。

中學畢業之後，她在多倫多的大學讀文學，之後在幾所大學教書，「順便」發表詩作和評論。

她的第一部長篇小說發表於 1969 年，國際知名則是因為她的反烏托邦小說《使女的故事》（1985）：未來的美國，人們因為核災都無法生育。在一次政變之後，基列共和國建立，女性受到全面壓迫。女主角是使女歐佛瑞德，因為她還能生育，本該為一個指揮官生一個孩子。這部小說相當激進，跟隨著喬治 · 歐威爾的腳步，而且非常成功。如極少數人所達成，瑪格麗特 · 愛特伍使科幻小說帶有嚴肅文學背景。

## 安潔莉絲 · 瑪絲瑞塔
### Ángeles Mastretta
### 1949 年生，墨西哥

在 1980 年代，拉丁美洲的男女作家都非常受歡迎。這裡的偉大女性作家發聲，以她們的視角關注拉丁美洲保守、討厭的大男人主義社會。安潔莉絲 · 瑪絲瑞塔的《墨西哥探戈》（1985）甚至在德國登上暢銷排行榜。這本書敘述卡塔琳娜的故事，在 1930 年代的墨西哥，她從富有（而且年長許多）的丈夫那裡獲得一切，唯獨沒有得到愛和激情。她的丈夫當然是個腐敗的政客，不斷把非婚生子帶進家裡。卡塔琳娜忍受這一切，自己找了個善良的情人，後來卻被射殺。可有人注意到，這本書的原始書名要戲劇性得多？*Arráncame la vida*——《摧毀我的生命》！

## 斯維拉娜·亞歷塞維奇
Swetlana Alexijewitsch
### 1948 年生，白俄羅斯

「我們每個人都承載著一段歷史，有的人比較多，有的人比較少，這些大大小小的歷史，總結成大歷史」，這是斯維拉娜·亞歷塞維奇於 2013 年接受德國書商和平獎時的演說內容。她就是這樣寫作她的書：將對個人的訪談組成她所謂的「記錄散文」，其實是非虛構書籍，卻因為她獨特的風格凝煉成散文。她以這種方式切入各種課題：二次世界大戰時的蘇聯女士兵，阿富汗戰爭，車諾比反應爐災難。

斯維拉娜·亞歷塞維奇在烏克蘭出生，孩童時期搬到白俄羅斯，雖然她身為政權反對者承受某些壓迫，她依舊一直住在明斯克。2015 年，亞歷塞維奇獲頒諾貝爾文學獎。

## 希拉蕊·曼特爾
Hilary Mantel
### 1952 年生，英國

希拉蕊·曼特爾展開作家生涯之前是社工人員，她寫了一部有關法國大革命的長篇小說，沒有出版社想出版。她的出道之作《每天都是母親節》發生在 1970 年代，在一個英國小城裡，這部長篇小說（德國直到 2016 年才出版）敘述一個瀕臨精神崩潰家族的邪惡。希拉蕊·曼特爾直到 2009 年才變得很有名，當時她的長篇小說《狼廳》出版——亨利八世故事三部曲的首部，為她贏得第二座曼布克獎＊。她的敘述小說集《謀殺瑪格麗特·柴契爾》（2014）證明曼特爾的英式幽默（「柴契爾亂甩她的手提袋，就像她陰部的舷外馬達。」）

---

＊大新聞——在她之前只有兩個男性作家辦到：約翰·馬克斯維爾·庫切和彼得·凱里。

## 吉本芭娜娜
Banana Yoshimoto
### 1964 年生，日本

這個名字當然是她的筆名，至少名字的部分。芭娜娜原名真秀子，因為她非常喜歡香蕉樹所開的花，於是用它來當筆名。吉本芭娜娜在日本是明星作家，作品被翻譯超過二十國語言。她的第一部長篇小說《廚房》出版的時候，她二十四歲，才剛剛完成文學系學業，甜美，挑釁，有點漫畫風——偶像。她想成為作家，也的確成為作家。她書寫著，慢慢擺脫甜美少女的形象，變成被認真看待的文學大家，她的作品時常處理死亡和失去等主題，也描述年輕人追尋自己在生命中的位置。不必老是閱讀村上春樹！

---

車諾比
反應爐事故

1986

第一次巴勒斯坦大起義
（巴勒斯坦／以色列）

1987
《廚房》
吉本芭娜娜

# 羅莎曼‧佩琦 Rosamunde Pilcher

1924 年生，英國

羅莎曼‧佩琦長時間以來偷偷寫作——等她的四個孩子去學校之後，她就帶著小型打字機坐在廚房桌子旁，打著愛情故事。這些故事發生在康瓦爾*，佩琦在這裡度過童年和青少年時期，也是她喜歡回憶神遊的地方。她住在蘇格蘭，她的丈夫葛拉漢在該處有一個紡織工廠。她的生活和她書中女主角的浪漫戲劇性命運沒有任何共通點；羅莎曼‧佩琦是個能幹的家庭主婦和母親——在孩子們從學校回到家之前，她就會把打字機收起來。她以筆名珍‧佛雷瑟（Jane Fraser）發表了幾個故事，開心能有些外快。直到六十多歲，她才開始寫長篇小說，進而使她全球聞名：《尋找貝殼的人》。從這時起就是不斷寫作，一再獲得成功，羅莎曼‧佩琦在全球賣出超過六千萬本書。

> 我用我所賺到的第一個百萬買了一部除草機。

## 作品

羅莎曼‧佩琦為德國公共電視台周日晚間電視節目提供可以預料到的拍攝材料之前（康瓦爾的家族財產幾乎傾頹，迷失的兒子又出現，卻以假名和家中僱員的女兒談起戀愛，其實他已經結婚，某人揭發事實，最後一刻卻挽回一切，好結局），她一直都寫娛樂文學。《尋找貝殼的人》帶來國際成就，後續小說《九月》（1990）也是全球暢銷書。於是她早期的長篇小說被翻譯成德語版，好比《激狂的相遇》（1975）以及《狂野百里香》（1978）。書中對風景多所著墨（康瓦爾、海岸街道、虞美人），還有圍繞著少時之愛及家族祕密的心痛故事。她的最後一部小說《冬日》出版於 2000 年，之後還出版了一些短篇故事；佩琦在八十七歲時終於宣布：就這樣了——她停止寫作。

### 《尋找貝殼的人》

潘妮洛普‧基靈的人生故事，父親是畫家，母親是法國人。在倫敦和康瓦爾度過美好的波西米亞式童年，接著戰爭爆發。潘妮洛普有些缺乏歷練，為第一任丈夫（＝窩囊廢）懷胎，親愛的母親死於轟炸。偉大的愛發生在她和一個美國士兵之間，短暫的幸福，士兵死於諾曼第登陸戰。潘妮洛普順應她的命運，帶大三個孩子，他們各有各的魅力。唯獨中間的女兒歐薇亞和她親近，諾爾及南希貪財，想染指祖父的畫——尤其是其中一幅油畫《尋找貝殼的人》。命運、愛情、痛苦，潘妮洛普最後過世，偏偏將眾人覬覦的父親畫作留給園丁。

---

＊康瓦爾郡感激羅莎曼‧佩琦，大部分遊客都是因為她的書以及電視影集而前來——佩琦順理成章地獲頒英國旅遊獎。

電視節目「想挑戰嗎？」
首播

1987

《尋找貝殼的人》
羅莎曼‧佩琦

《黛西小姐和她的司機》
尤里

# 貝努娃特・葛胡 Benoîte Groult

## 1920-2016 年，法國

她是平凡人的西蒙・波娃：貝努娃特・葛胡為著同樣的目標奮戰，不過她的語言比較清晰。但是她絕不想被稱為「女權作家」，因為她覺得這個稱號聽起來總有些次等作家的意味。

她是個活潑的年輕女性，享受一般只有男性才擁有的自由。她在大學研讀文學，戰爭時期和妹妹在紅十字會工作，在舞會中結交美國士兵。這些男性從不曾在巴黎久留，是無拘束戀情的良好先決條件。但是貝努娃特卻愛上這種年輕男性之一。克爾特・海布隆雖然很快也必須返回家鄉，但是他們倆的愛情維持終生——即使兩人各自婚嫁。

貝努娃特・葛胡擔任記者的工作，和同事結婚，生了兩個女兒，四年後離婚。1951 年她和作家保羅・吉馬德結婚。他們在結婚戒指上刻下宣言「自由、平等、忠誠」——原則上他們訂下的盟約等同於西蒙・波娃和尚－保羅・沙特之間的約定：他們想在一起，但是容忍婚外情。保羅知道克爾特的事情，也有自己的戀情。兩人的婚姻維持到保羅過世的 2004 年。

## 作品

受到丈夫保羅的激勵，貝努娃特・葛胡寫作長篇小說（起初和她的妹妹芙羅拉一起），以及女性主義評論。她的解放之作《如果你不再為我心跳》出版之前，她在法國早已是知名作家，這本書更讓她獲得國際聲望。一個六十八歲的女作家寫了一本——幾乎可說是色情小說的書，當時的人這麼覺得。更令人震驚的是：她的第一本傳記《自由方稱生命》（1997）透露一切正如書中所述的發生。只不過漁夫其實是個美國飛行員……

## 📖 《如果你不再為我心跳》

喬治從小就認識漁夫戈萬，她出身於富裕世家，家族定期到布列塔尼半島度假。但是有年夏天——喬治十八歲，戈萬二十四歲——兩人夜間在海裡游泳，友誼進化到性愛。之後彼此沒有任何信息，但一碰面就是絕對激情——雖然戈萬已經訂婚。

再下一次會面：不停做愛，戈萬求婚。喬治雖然想要個漁夫，但是不要婚姻關係。於是戈萬和未婚妻結婚，喬治嫁給成功的媒體人士。

多年以後在非洲，兩人偶遇。此時喬治已經離婚，過去的激情重新湧起。十天性愛，兩人約定，定期重複享受這樣的婚外時光。他們的確這麼做，雖然喬治在這期間和一個可親的婦科醫師結婚。

## 名言

> 我的外陰變成巨大、毫無羞恥而且汁液橫流的蜜桃。

貝利

女鬥士

# 喬孔妲・貝利 Gioconda Belli

1948 年生，尼加拉瓜

妻子、母親、反抗鬥士、女作家，喬孔妲・貝利的生命按照這個順序推進。她在一個良好中產家庭長大，早婚，一切看起來會是個家庭主婦及母親的傳統生活，但是喬孔妲・貝利後來想要不一樣的生活：她在一個廣告公司找到工作，加入桑迪諾解放陣線反對索莫薩獨裁，發表色情詩，讓她的家族都驚呆了。＊喬孔妲・貝利和她當時已有的三個孩子先到墨西哥，後來前往哥斯大黎加，革命成功之後才回到家鄉。她在政治上很活躍，擔任記者，投入爭取女權，也把解放當成長篇小說的主題。1987 年她和一個美國記者結婚，並且隨他遷往美國居住。她分別在洛杉磯和馬拉瓜各居住半年。

## 作品

使她國際知名的是長篇小說《被居住的女人》（1988），但是她其他的著作也非常成功，好比《女人共和國》（2010）或《月熱》（2014）。

## 📖 《被居住的女人》

拉丁美洲一個虛構的國家（讓人連想到尼加拉瓜）：依察在十六世紀和愛人亞林斯一起對抗西班牙征服者。到了現代，她轉世成為一棵橘子樹，長在年輕建築師拉薇妮亞家門前。拉薇妮亞吃了樹上的橘子，結果——依察的靈魂進入她的身體。拉薇妮亞也變成對抗獨裁政權的鬥士。她蒐集重要的訊息，參與大型的行動，在行動當中，她射殺了邪惡的將軍維拉，可惜自己也被殺身亡。最後依察在橘子樹裡說出預言：「火把已經點燃，無人再能撲滅。」

## 小道消息

魔幻現實（＝鬼魂出現和真實政治一樣理所當然）作品之一，也是典型的拉丁美洲獨裁者小說。

---

＊她當時的丈夫於是要求，出版任何作品之前，必須先讓他看過，喬孔妲・貝利回答：「除非踩過我的屍體！」

里斯本
大火

第一隻
電腦病毒

1988
《被居住的女人》
喬孔妲・貝利

《被居住的女人》，1988 年

# 創意寫作
成功文學作品配方

## 流行文學

📖 大約 200-350 頁 | ♟ 中間 | ◉ 潮人

配料
一種心理疾病（好比焦慮症），怪異的性愛經歷，一到三位治療師，許多主句，豐富的象徵符號，倒述

配置
請您用許多頁描述治療師（們）和病人（主角）之間的對話。混合微量規律撒入的倒述，這時一定要運用集體記憶（玩偶、球池、丹麥假期）。避免複雜的句法，但是加入足夠的象徵符號和諷刺。以熱氣燉煮，趁熱享用。

## 現代詩

📖 大約 150-1,000 字 | ♟ 量少 | ◉ 文學評論家

配料
令人絕望的名詞（例如：瀝青、荒漠、惡夢），不帶愉悅的形容詞（例如：蒼白、墮落），不具體，少動詞

配置
變換每行長度——單一字也可以是種說法！放棄大分量的內涵，好比押韻、幽默和意義，取而代之以抽象荒謬用法來實驗。用難以理解的重讀朗誦奉上整首詩。

提示
刻意擺放的淫穢可以點綴作品

圖例
📖 長度 | ♟ 耗時 | ◉ 目標讀者群

# 世紀史詩

📖 至少 600 頁，也可以長達 1,000 頁 | ⬆ 高難度 | ◉ 閒暇讀物

**配料**

一到兩次（世界）戰爭，
三個世代，
漂亮自信的女主角，
迷人的惡棍，
一種老式的疾病
（例如傷寒），
一個家族祕密，
兩到三個社會階級，
許多人物，
兩到三個詭計，
一個非婚生子，
一場悲劇意外，
愛（性），
命運，
好結局

**裝備**

雇用足夠的助手，研究歷史相關事件，做出
一個結構。

**配置**

請混合枯燥的配料（歷史事件）以及豐富的命運
和詭計。等距添加一些愛情；如果喜歡的話也可
以加點性愛。（但是請您顧及比較保守的美國市
場！）要做出好的結局，請讓所有故事線合而為
一，如有需要，可讓不討喜的角色在最後幾頁因
為（悲哀的）意外，或是（老式的）疾病被淘汰。
為了盡可能戲劇性地揭穿家族祕密，建議讓器官
移植因血型錯誤而失敗。

**備餐**

選定具有歷史浪漫氣氛的封面（好比蒸汽火車頭
＋女性剪影），注意豐富的造型（書腰、壓印），
在前面加上人物表。

三道菜的菜單

國際特點

# 特別精選
快速瀏覽女作家生平

### 黑爾塔・穆勒
#### Herta Müller
**1953 年生，羅馬尼亞／德國**

把諾貝爾文學獎頒發給羅馬尼亞德裔女作家，委員會在2009年又給大家一個驚喜。黑爾塔・穆勒的作品挑戰讀者——非線性發展的文章，只有畫面豐富卻特異的語言拼貼。主題經常是失鄉、逃亡，以及羅馬尼亞政權下的恐懼。黑爾塔・穆勒身為羅馬尼亞境內少數德國人的一員，在希奧塞古政權下吃了不少苦頭，被強大的祕密機關威脅，最後在1987年出走到德國。

黑爾塔・穆勒對語言癡迷。她收集字詞和字母就像別人收集郵票。她從雜誌、手冊和目錄剪下字詞，然後拼貼在一起。她特殊、謎樣的詩由此產生——不得不喜歡。

### 阿穆德納・格蘭德斯
#### Almudena Grandes
**1960 年生，西班牙**

「偉大的西班牙文學」，有人這麼說，「娛樂小說」，也有人這麼說。可以二者皆是啊！反正阿穆德納・格蘭德斯從她的第一部小說《露露》（1989，一個女人的故事——還有很多性愛場面）就定期地登上暢銷書榜。故事通常涉及家庭、社會，當然都和愛有關，也常提起佛朗哥獨裁政權。隨時充滿激情，有時（特別是她的晚期作品）還添加（足夠的）媚俗情節。

### 蘿拉・艾斯奇維
#### Laura Esquivel
**1950 年生，墨西哥**

緹塔和佩德羅＝偉大的愛。但緹塔必須看護母親，直到她去世，這是古老的墨西哥習俗。計畫是：佩德羅和緹塔的妹妹結婚，就可以搬進家族的房子裡居住。緹塔烹煮神奇誘惑的餐點，好對佩德羅展示她的愛，卻因此造成大家的情感混亂。

蘿拉・艾斯奇維的處女作《恰似水之於巧克力》（1992年由丈夫艾方索・阿魯改編成電影《巧克力情人》），使她聞名全球。這本書（以及她後面的幾本著作）都屬於魔幻寫實主義，南美作家特別受到世人重視的文風。

## A. S. 拜雅特
### Antonia Susan Byatt
#### 1936 年生，英國

安東妮亞・蘇珊・拜雅特和女演員茱蒂・丹契一起上學，兩人一直維持對莎士比亞的熱情。後來 A. S. 拜雅特（她以縮寫名著稱）本身教授英國文學，尤其是十九世紀文學，在她全球創下佳績的《佔有》（1990）也扮演重要角色：主角是羅蘭和美寶，兩個文學學者，研究維多利亞時期一個著名的作家和一個不知名的女作家，很快就發現二者之間的關係並不尋常。羅蘭和美寶兩人之間也擦出火花。

偵探故事和愛情小說的聰明組合，使拜雅特在 1990 年獲頒曼布克獎，全球熱賣。A. S. 拜雅特之前長時間處在她的妹妹瑪格麗特・德拉布爾的陰影之下，德拉布爾在英國是個知名的小說作家。拜雅特雖然在教書的時候就一邊寫作，但是直到她克服失去兒子的哀傷（他十一歲時死於交通意外），她才能完全投入寫作。

## 康妮・帕曼
### Connie Palmen
#### 1955 年生，荷蘭

她的兩個摯愛死得太早，然而她分別為兩回悲傷寫了偉大的著作：《I. M.──伊薩・麥耶，在邊緣、在回憶裡》（1998）以及《無情一年日誌》（2011）。

康妮・帕曼當然也是荷蘭最知名的女作家之一。她的作品達到高水準，同時卻具備娛樂性，好比《定律》（1991）：有個女性認識七個男性：一個天文學家，一個癲癇患者，一個哲學家，一個神職人員，一個物理學家，一個藝術家和一個精神科醫師，每個男性都讓她更能掌握這個世界。使她出名的正是這部小說，進而被邀請參加記者伊薩・麥耶的節目──她個人偉大愛情故事的開端。在麥耶死後，她和政治家漢斯・米爾洛在一起十二年，《日誌》一書是記載他們在一起最後幾年的日記。

| 德國贏得<br>世界足球冠軍 | 兩德<br>統一 | | 第二次<br>波灣戰爭 | | 第一屆<br>世界女足賽 | 南斯拉夫<br>戰爭爆發 | 全球網路<br>（柏內茲－李） |
|---|---|---|---|---|---|---|---|
| 1990 | | | 1990-91 | | 1991 | | |
| 《佔有》<br>A. S. 拜雅特 | 《侏羅紀公園》<br>麥克・克萊頓 | | | | 《定律》<br>康妮・帕曼 | 《羚羊》<br>賀寧・曼凱爾 | |

# 唐娜・里昂 Donna Leon

1942 年生，美國

唐娜・里昂還在念大學的時候就熱愛英語文學，尤其是珍・奧斯汀，她以奧斯汀為主題撰寫博士論文，不過論文並沒有完成：她在伊朗沙阿被推翻之後逃離伊朗，遺失所有的筆記，當時她在那裡的一所美國學校教學多年——她也曾經在中國及沙烏地阿拉伯教過書。唐娜・里昂想多看看這個世界，於是在1981 年前往威尼斯，在馬里蘭大學國外分校教授英語文學，那是位在維辰札的美國空軍基地。

**大部分的丈夫是女人具備幽默感的最佳證據。**

除了文學之外，唐娜・里昂也是歌劇發燒友。有一回觀賞歌劇時，她第一部犯罪小說的點子浮現（請見下文），這部小說起初在美國出版，後來在德國特別成功。這位美國作家從這時起在威尼斯每年寫作一部布魯內提探長小說，這一系列的書籍被翻譯成三十五種語言，但是遵照里昂的願望沒有翻譯成義大利文，好讓她繼續在威尼斯隱姓埋名地生活。

## 小道消息

和她一起看歌劇的同伴挑剔地說：「真想殺死這個指揮！」，里昂順口說：「我可以為你達成——不過是在小說裡。」於是她立刻在芬尼斯歌劇院（Teatro La Fenice）裡探查兇手可能的逃亡路線。（她獲得靈感的緣由也有其他說法，不過這個是最美的。）

## 《威尼斯終場》

著名的德國指揮家黑慕特・威勞爾在威尼斯被毒死，而且是在中場休息時間，在威爾第歌劇《茶花女》的最後一幕之前。探長布魯內提發現，威勞爾顯然歧視同性戀。他曾威脅一個女歌手，要把她和女秘書之間的關係公諸於世。而且在調查過程中，指揮和納粹之間的過往也被揭露，這一切還不夠糟似的——他有戀童癖。威勞爾的妻子是個醫師，對丈夫的死亡無動於衷——不奇怪，他染指她的女兒。報復！她沒有替他注射維他命，而是注射一種損害他聽力的藥物。因為重聽的指揮沒有未來，威勞爾就自殺，嫁禍給他的妻子。

## 主角

貴多・布魯內提和妻子寶拉、女兒琦亞拉以及兒子拉法耶住在一個很棒的房子裡，有屋頂露台，還可以遠眺聖保羅大教堂。寶拉是英語文學教授（也是道地子爵的女兒），為了辛勤工作的丈夫，總是煮出美味的三道菜餐點（相關的食譜於 2009 年出版）。

## 名言

他回到家的時候（……）在樓梯間就已經聞到大蒜和迷迭香的混合香氣。

# 多娜・塔特 Donna Tartt

1963 年生，美國

非常有才華——要是認識像多娜・塔特這樣的女孩，今日的簡潔「診斷」可能是這樣一句話。她的嗜好是閱讀——不是布萊頓，而是愛倫坡、史蒂文生或莎士比亞。她也喜歡引用他們的句子，使得她找不到同齡的女性朋友。她的偶像不是約翰・藍儂，而是考古學家海里希・石利曼。她喜歡獨處、寫詩，最後在佛蒙特的班寧頓學院研讀創意寫作。還在大學的時候，她就開始寫作第一部長篇小說《祕史》，寫了七年，也獲得回報：達到世界性成功，翻譯成二十四種語言，銷售超過五百萬冊。

*過多歡呼誘使作家過度生產。*

多娜・塔特輪流住在她紐約的公寓和維吉尼亞的別墅裡，非常努力守護私生活。據說她單身，有三隻狗。照片看起來是個優雅的女性，穿著像紈褲子弟：深色的中短髮，黑色外套，領帶——帶點距離感又帥氣。她不喜歡約定時間，不喜歡看日報。她喜歡寫作，寫得很多，但就是寫不快。

## 作品

第一部長篇小說出版之後，多娜・塔特用了十年寫作下一本書。《小朋友》於 2002 年出版，讓所有《祕史》的粉絲大失所望，評論家也語帶保留。塔特並未因此而退縮，平靜地進行下一個企劃。2013 年《金翅雀》出版——全球性成功。

## 📖《祕史》

朱利安・莫羅教授的希臘文課只有五個學生：亨利、法蘭西斯、邦尼以及雙胞胎查理和卡蜜拉。里查加入的時候，和每個人都交朋友，但是很快就注意到，這一群人有個祕密。在一個狂野的夜晚，四個學生殺死一個農夫。唯一一個沒參與的邦尼察覺他們的異樣，於是勒索他們。這一群人最後決定殺死邦尼，亨利把他推下一個懸崖。但是邦尼已經事先把祕密透露給莫羅教授，莫羅雖然離開大學而沒有指認犯人，這群朋友卻生活在憂懼之中，彼此廝殺。

## 📖《金翅雀》

紐約大都會博物館發生炸彈攻擊，十三歲的提歐失去母親，因為有個即將斷氣的老人懇求他，他就帶走了著名的油畫《金翅雀》。提歐後來發現死去老人的古董店，並且和他的孫女琵琶結成好友。為了要拿到前妻的遺囑，提歐的父親把他帶在身邊回到拉斯維加斯。從這時起，提歐的狀態每下愈況，交了壞朋友、毒品、暴力。最後他失去所愛的一切，包括那幅油畫。結尾是他試著讓生活重回正軌。

# 特別精選

快速瀏覽女作家生平

## A. L. 甘迺迪
### Alison Louise Kennedy
1965 年生，英國

艾莉森‧路易斯‧甘迺迪，（如她自稱）縮寫 ALK，是蘇格蘭人，自信且難以親近。她還小的時候只肯穿黑色的衣服，她說的第一個字是「不」，這也是她一直都很喜歡用的字（在她的網頁問與答當中可以讀到這一段）。她接受訪談的時候並不健談，但是一踏上舞台人就亮了起來，因為艾莉森‧路易斯‧甘迺迪不只是作家，也是個單口喜劇演員。而且她參與政治：反戰（尤其反對英國參與伊拉克戰爭），追求更好的文化政策，以及嚴謹的新聞報導。當然她投票贊成蘇格蘭獨立。那麼文學呢？艾莉森‧路易斯‧甘迺迪的書寫粗暴－美麗－怪異，而且相當獨特。尤其是她的短篇故事真了不起，長篇小說（如她的首部作品《邀舞》，1993）卻常不易理解，讓讀者有點摸不著頭腦。

## 多和田葉子
### Yoko Tawada
1960 年生，日本／德國

她在東京出生，在那裡讀文學系，特別喜歡俄國文學。因此她在 1980 年代其實想前往蘇聯，但是因為更好的獎學金而使她轉向：她到漢堡念新德國文學。她可以讀德文，但是不能理解口說的德語，那只是一堆奇怪的發音，她必須先辛苦地加以區分。但是，就像許多能寫德文的移民，她逐漸找到自己通往德語的道路：她感覺文字及其音調，發現母語者沒注意到的意義。《訪客》是她以德文書寫的第一本記述小說。她寫很多：詩（《德語文法大冒險》，2010）、評論、廣播劇和長篇小說。語言一直都舉足輕重，即使是三代北極熊的故事也不例外（《雪中練習曲》，2014）。

五位數的郵遞區號
施行

1993

| 《邀舞》 | 《訪客》 | 《真情快遞》 |
| A. L. 甘迺迪 | 多和田葉子 | 安妮‧普露 |

## 安妮・普露
### E. Annie Proulx
1935 年生，美國／加拿大

是，就是那個寫了《真情快遞》（1993）的作者，全球暢銷書，描述一個鰥夫帶著兩個女兒搬到紐芬蘭，也就是他的祖先生活的地方。獲獎，就和她第一部長篇小說《明信片》（1992）一樣。五十多歲的時候，安妮・普露轉換跑道，從記者和專業書籍作家變成小說作家，但是她對詳細解說的興趣不變：徹底讀過她小說的人，就會打海員用的結（《真情快遞》），清楚樂器結構（《手風琴罪罪史》，1996），還能立刻蓋一棟房子（《荒野之屋》，2002）。
六十歲時她搬到懷俄明，寫下〈斷背山〉（1997），是篇有關兩個同性戀牛仔的故事，2005 年由李安改拍成電影。普露目前住在西雅圖——住在山裡是太寂寞了。

## 多麗絲・朵利
### Doris Dörrie
1955 年生，德國

電影導演，但是也寫作。哎呀，她的情形是：非常成功的女導演，也寫了很成功的書。長篇小說（《藍衣服》，2002，或是《涵蓋一切》，2011），特別是記述小說，經常被改拍成電影，譬如說《我美麗嗎？》。
朵利的電影被觀眾及影評人讚嘆，她的書也常登上暢銷榜，但是在報紙專欄裡卻不那麼顯眼。不必打擾她，好的娛樂小說可以有點平庸。（但是她也許不必非寫童書不可。）

## 莉莉・布雷特
### Lily Brett
1946 年生，澳洲／美國

她的波蘭猶太裔雙親從奧斯維茲集中營存活下來，她本身在德國拜昂邦一個營地誕生，原名露芭・布萊茵斯坦（Luba Brajsztajn）。1948 年一家人移民到澳洲，莉莉本來應該成為律師，她一點興趣都沒有，但是也沒有其他計畫。後來她擔任音樂記者——成功！此外她還發表詩作。1989 年她搬到紐約，她的第一部（自傳性）長篇小說《還不算糟》出版。讓她得到全球聲譽的是《就是這樣》（1995），是一個女性的故事，主角和她的「拼湊家庭」住在紐約，雙親是大屠殺倖存者。本書也具有自傳色彩：莉莉・布雷特有三個孩子，第二段婚姻是和畫家大衛・蘭欽結婚。

# J. K. 羅琳 Joanne Rowling
1965 年生，英國

領社會補助的人寫下全球暢銷書——羅琳的生命故事可以這般總結。其實喬安娜・羅琳有良好的學校教育，雙親也很慈愛。她大學念法文和古典學，在國際特赦組織工作，也在巴黎及波爾多擔任教師。她在那裡和一個葡萄牙記者結婚，生了個女兒，和丈夫分手後回到英國，這時才開始社會補助那一段：她身為單親媽媽因而獲得補助，她也的確在愛丁堡一家咖啡廳裡寫下《哈利波特》第一部的好幾章。起初沒有一家出版社對她寫好的手稿有興趣，最後被巴利・康寧漢拿在手上，康寧漢建議布魯斯伯里出版社給羅琳一個機會，又建議羅琳去找個工作——寫童書無法過日子。

> 記得我們每個人內在都有點魔法很重要。

哎呀。雖然《哈利波特：神祕的魔法石》初版只印了五百本發售，但是有個美國出版社注意到這本書，用十萬美元買下版權——後續發展如今都是陳年往事了。

## 小道消息
羅琳 1990 年有次搭火車時浮現《哈利波特》的點子，五年之後，她琢磨著第一部，那時她已經知道將會寫出七部。不過因為出版社擔心，讀者也不認為女性作者能寫出好的青少年故事，於是建議她使用筆名發表。她於是就選了名字的首字母，再加上 K（她的祖母名叫凱特琳恩 Kathleen）。

## 作品
不只是兒童讀物：使盡了保密工夫（譯者還必須在英國出版社以上鎖鏈的筆記型電腦工作），再加上全球性的行銷手腕，2012 年出版的《臨時空缺》是羅琳的首部「成人小說」，雖然標題（The Casual Vacancy）充滿了暗示，卻非犯罪小說。之後才輪到犯罪小說：2013 年，羅琳以筆名羅勃・蓋布瑞斯（Robert Galbraith）發表《杜鵑的呼喚》——圍繞著精神飽受摧殘的私家偵探柯莫藍・史崔克的犯罪系列小說。銷售平平，德國布蘭法雷出版社以四位數權利金取得版權。但是三個月後，筆名後的真人揭曉，眾人嘩然！咻的一聲，羅琳的犯罪小說也登上暢銷榜。

| 德語正字改革 | 克隆羊桃莉誕生 |

**1996**
《陰道的獨白》
恩斯勒

### 波特熱潮！

直到目前為止，《哈利波特》在全世界已經售出超過四億冊＊，之前從未有任何系列童書獲得這樣的關注，粉絲在最新一部正式發售前夜在書店外徹夜排隊，有些書店甚至在午夜額外開始營業。第五部有幾千本在正式發售前從貨車被偷走；羅琳尚未寫第六部之前，在中國就出現偽書。

### 📖 《哈利波特 1-7》

故事前篇：哈利還是個嬰兒的時候，他的雙親被邪惡的魔王佛地魔所殺害，哈利本該也就這樣死去，但是死亡的詛咒省事地反射回佛地魔，從此以後佛地魔就沒有身體，而哈利的額頭上留下一個漂亮的鋸齒狀的疤。

**第一部**：哈利十一歲，進入霍格華茲魔法寄宿學校，該校由法力強大而親切的阿不思・鄧不利多主持。（在這之前，哈利都和愚蠢的親戚一起生活，既不知道自己的出身，也不知道自己擁有魔法力量。）他認識了最好的朋友榮恩和妙麗，立刻就學會了一些魔法技巧，以及騎掃把的空中球賽魁地奇。他並且阻止佛地魔得到智者之石而永恆不死。

**第二部**（入學第二年）：恐怖密室裡的怪物對學員發動醜惡的攻擊。哈利、榮恩和妙麗殺死怪物，再次打擊佛地魔。

**第三部**：危險的殺人犯天狼星越獄，每個人都害怕他會殺害哈利，事實上他的目標是榮恩的老鼠，因為天狼星是哈利的教父，而老鼠其實正是背叛哈利雙親的傢伙。

**第四部**：哈利必須參加一次非常困難的魔法學校訓練，完成危險的任務。這是佛地魔的詭計，他已經又回到自己的軀體裡。

**第五部**：魔法部不希望佛地魔回歸的事情曝光，對抗魔王的戰鬥因此困難重重。最後出現一個預言，只有哈利能殺死佛地魔——或是只有佛地魔能殺死哈利。

**第六部**：鄧不利多幫助哈利找出所有和佛地魔有關的事情，最後也找出關鍵細節，嘗試執行的時候，鄧不利多死亡。

**第七部**：哈利終於殺死佛地魔。

### 名言

特別出名的是年老魔法師鄧不利多的智慧之語：

> 落在夢想之後，遺忘夢想而生活可不好。

> 真相既可怕又美好，因此應該謹慎面對。

---

＊《哈利波特》是第一部真正老少咸宜的作品——從此以後，老少咸宜就變成童書出版社的咒語，因為很能擴展目標族群。

# 愛情與景色
## 壯麗景致下的命運

羅莎曼·佩琦可算是這類作品的非正式發明者：愛情故事（＋家族祕密）發生在如畫的風景當中。南方景色常被寫進小說裡，但是澳洲及紐西蘭也很受歡迎。這類小說通常很厚，百分之九十八的讀者都是女性。沒錯——即使解放的女性讀者也會因此呼天搶地，事實就是如此。

摩根·卡倫·羅傑斯
Morgan Callan Rogers
《寶石紅的心，冰藍色的海》*
400 多頁／友情（＋家族祕密）／緬因州

帕特里·法蘭西斯 Patry Francis
《雷斯角的孤兒》
600 頁／愛情與悲傷／鱈魚角

凱特·莫頓 Kate Morton
《湖畔小屋》
600 頁／家族祕密／康瓦爾

凱瑟琳·韋柏 Katherine Webb
《神祕遺產》
500 多頁／遺產＋家族祕密／威爾特郡

芭芭拉·伍德 Barbara Wood
《夢幻時光》
500 多頁／家族祕密＋愛情／澳洲

---

＊第二部《冰藍色的海，無盡的天空》更好，而且兩部可以分開閱讀！

# 犯罪與浪漫懸疑
謀殺張力與命運作弄的結合

大約花了八十年的時間，女性作家才在這個領域站穩腳步（桃樂絲・榭爾絲及阿嘉莎・克莉絲蒂）。目前有越來越多寫犯罪小說的女性作家，當然也有男性讀者。例外：「浪漫懸疑」（＝驚悚情節＋俗氣的愛情故事），比較偏向女性讀者群。

泰絲・格里森 Tess Gerritsen
## 《外科醫生》
《妙女神探》瑞佐利（女警探）和艾爾斯（病理學家）的第一個案子——激烈！

塔娜・法蘭琪 Tana French
## 《樹林中》
心理學和人性深淵——豐富的文學犯罪小說。

伊莉莎白・喬治 Elizabeth George
## 《偉大的拯救》
警探奈利及芭芭拉・哈佛斯首度出馬——必讀小說。

桑德拉・布朗 Sandra Brown
## 《冰冷要素》
一場暴風雨，一座小屋，連續殺人犯，一個不知名的人——還有乾淨的美國式性愛。

諾拉・羅伯特 Nora Roberts ＊
## 《日正當中》
一個 FBI 專家，她的新任男友，瘋狂的殺人犯——還有乾淨的美國式性愛。

勞拉・格里芬 Laura Griffin
## 《不可原諒》
DNA 專家＋警察（兩人都很有魅力）＋犯罪。

＊注意：不要拿錯了——諾拉・羅伯特也寫非常非常媚俗的愛情小說！

# 阿蘭達蒂・羅伊 Arundhati Roy

1961 年生，印度

大部分的印度作家都長期住在國外，或是至少長期在外國求學。阿蘭達蒂・羅伊卻幾乎只在印度生活（例外：佛羅倫斯的獎學金留學時期）——她認識這個國家，了解這個國家的問題，以及它的美麗之處。

她在印度西南海岸的喀拉拉邦成長，她的母親是基督徒，父親是孟加拉印度教徒。雙親很早就離婚——羅伊享受著不同尋常的自由，可以獨自一人在附近遊蕩，她的母親建議她第一不要結婚，第二要維持經濟獨立。於是阿蘭達蒂・羅伊雖然長成一個有自信的女孩，卻也被視為異類。她十六歲的時候搬到德里，住在鐵皮屋裡，收集空瓶換錢。她上大學讀建築，並未聽從母親的反丈夫口號：她先是嫁給一個建築師，後來和一個電影製作人結婚，喚醒了她對電影的興趣，她撰寫電影腳本，甚至自己扮演一個小角色。

> 每個社會都必須找到自己對抗壓迫的方式。

她的長篇小說《微物之神》（1997）使她成名，她利用名氣發揮政治影響力。她奮力反對建築大壩（摧毀貧窮農夫的生活空間），也反對核子軍備。她深愛她的國家，控訴幾個富人出賣國家，使得印度文化蕩然無存，窮人越來越貧困。

她成功到難以置信的首部作品，在 1997 年為她贏得曼布克獎，在這之後，阿蘭達蒂・羅伊沒有再寫其他長篇小說，轉而發表政治及社會批判文字。

### 📖 《微物之神》

母親讓家族蒙羞，雙胞胎瑞海兒和艾斯沙被拆散：因為她離婚，愛上賤民階級的男性。瑞海兒在母親身邊長大，為了上大學而前往美國，在那裡和一個美國人結婚。她的手足艾斯沙不再說話，在父親身邊生活。故事倒敘「災難」是怎麼發生的——涉及印度社會的深淵（種性制度、對女性的不公、濫用權力和破壞環境）。

### 小道消息

英國的出版社收到手稿，每一家都有興趣，但是沒有一個人像大衛・葛德溫那麼快，在最短時間內成為羅伊的代理商，競價拍賣手稿。最後出版權以 100 萬美元賣出——大轟動！一定要成為暢銷書才抵得上這個金額。的確也成為暢銷書，版權銷售的刺激想必也發揮推波助瀾的效果。

| 1997 | 探測機開拓者號登陸火星 | 威而剛 | 呂文絲基緋聞案 | Google 創立 | 科索佛戰爭爆發 |

1997
《微物之神》
阿蘭達蒂・羅伊

1998
《夏日之屋》
尤荻特・赫爾曼

# 莎娣‧史密斯 Zadie Smith

1975 年生，英國

聽起來有點像廉價小說：單親家庭的孩子，有移民身分背景（母親牙買加人，父親英國人），在倫敦工人區長大，到劍橋讀大學，在學生報紙上發表了幾個故事，獲得一本書的合約。

不過事實的確如此，還有更棒的：莎娣‧史密斯拿到了六位數的預付金，當時她的長篇小說《白牙》才剛寫了第一章。會有像樣的東西嗎？有的，一本暢銷書。受到報紙專欄的歡呼，獲獎無數。

莎娣‧史密斯才二十四歲，是英國文學界的閃亮明星，因為她真的非常聰明，此外還很漂亮——她剛展開作家生涯的時候可不喜歡聽到這些話，但是後來完全懂得珍惜。她能對寫作、其他作家以及政治與社會發表很棒的評論。2004 年她和一位愛爾蘭詩人結婚至今，兩人住在紐約，有兩個孩子。

> 大部分的作家如果不需要寫作會比較快樂。

## 作品

幾乎正如預期，傑出首作之後的長篇小說令人失望，莎娣‧史密斯暫時轉而寫作評論。她的第三部長篇小說《論美》（2005）又稍微獲得評論家的讚美。而真正再度閃耀則是2012 年，她的第四本書出版：《西北》是生活故事拼貼成的小說，發生在倫敦西北（也就是作者成長的地方）。雖然再次獲得了成功，但是讓讀者和評論家一再讚嘆不已的是她聰慧的評論（例如評論集《改變心意》，2009）。

## 《白牙》

了不起的長篇小說，細心觀察三個家庭三個世代，描繪出倫敦多元文化社會的全景。阿奇（英國人）和薩馬德（孟加拉人）在二次世界大戰最後幾天相識，他們在混亂的狀態下度過那幾天。直到 1970 年代，他倆在倫敦重逢，兩人都和比較年輕的女性結婚，生了孩子，兩家人也都成了朋友。阿奇的女兒艾莉（母親牙買加人）和薩馬德的雙胞胎兒子米拉特（＝紈褲子弟）以及馬吉德（＝力爭上游型）又認識了猶太裔的學者兒子約書亞。這樣的種族、宗教及社會背景多樣性揉合出不同糾葛（其中包括艾莉和雙胞胎的性愛，懷孕，但是最後和約書亞一起把孩子養大），結局甚至發生槍擊——不過並沒有死者。

科倫拜高中
持槍濫殺事件（美國）

科索佛戰爭
結束

1999

《怪獸古肥獵》
茱莉亞‧唐納森

《浮華如塵》
艾利斯

《性愛攝影棚》
麗莎‧麥可隆

2000

《白牙》
莎娣‧史密斯

# 特別精選
快速瀏覽女作家生平

## 澤魯亞・夏列夫
### Zeruya Shalev
1959 年生，以色列

以色列最知名的當代女作家，寫作關於愛情（的苦痛）、家庭和伴侶。處女作《愛情生活》（令人敬畏的萊西－朗尼基給予最高讚美）出版四年之後，澤魯亞・夏列夫在耶路撒冷的一次自殺恐怖攻擊中受傷，之後她收養一個孩子（她已經在兩次婚姻中各生了一個孩子）——作為對毫無意義殺戮的直接回應。她花四年時間寫作第四部長篇小說《致餘生》（2012），故事也和收養有關。此外還描述老年、雙親、孩子——一如往常，多少和自身相關：長篇小說《痛苦》（2015）的女主角在一次攻擊中受重傷。

## 希莉・胡思薇
### Siri Hustvedt
1955 年生，美國

她金髮，他深膚色：希莉・胡思薇和保羅・奧斯特是美國文學界的「第一夫婦」，兩個人都漂亮，都聰明，都投身於一段（各自表述的）開放婚姻。錦上添花的是同樣聰明、漂亮的女兒蘇菲，以歌手的身分闖出名號。胡思薇生於挪威，大學之後前往紐約，認識了具有領袖氣質的作家奧斯特——並且留在紐約。希莉・胡思薇長時間處在她出名丈夫的陰影之下，寫詩和一些複雜的長篇小說。然後，《我所熱愛的東西》在 2003 年出版（兩對夫妻，一場命運打擊），成為世界暢銷書，所有的人都側耳傾聽。希莉・胡思薇目前可能在某處寫一些更好的書。

喬治・布希
就任美國總統

普丁
成為俄國總統

美國 911
恐怖攻擊

共同生活伴侶法
（德國）

2000
《愛情生活》
澤魯亞・夏列夫

2001
《糾正》
強納森・法蘭岑

## 安娜·方德
## Anna Funder
### 1966 年生，澳洲

她的第一本著作《祕密警察的國度》就讓她的成就超乎尋常：一本非虛構的書，卻可以像小說一般閱讀；一本有關前東德的書，這位澳洲女性於 1987 年首次造訪這國家。她以開放、嶄新的眼光看著這個國家，它引起她的興趣——十年後，她訪問祕密警察和受害者，進而形成一幅令人印象深刻的全景圖。然後她給自己八年時間（她也是紀錄片導演和律師），才出版下一本著作：《所有的我》（2011）。安娜·方德再次證明自己是研究怪獸：她閱讀大量書信、紀錄、傳記、報紙文章、法庭紀錄和日記。即使她的書上印著「小說」——《所有的我》以許多歷史事實為基礎：兩個德國女性反抗人士於 1935 年被發現死在倫敦旅館房間。兩人是作家恩斯特·托勒爾的朋友，也和後來逃到澳洲的露絲交好。十九歲的安娜·方德在澳洲結識露絲，很久之後決定把露絲的故事寫下來。不是事實報告，而是完全自創的藝術作品。

## 奧黛麗·尼芬格
## Audrey Niffenegger
### 1963 年生，美國

故事聽起來太蠢了，每個非幻想故事迷的讀者必然錯愕地轉身離去：一個女人愛著一個男人，對方——哎呀——是個時空旅人，因為他很不幸地罹患了時空錯置失調症。但是奧黛麗·尼芬格（她原本是視覺藝術家）成功地將永恆的愛情課題加以變化，使讀者愛上這本書。《時空旅人之妻》（2003）在全世界登上暢銷榜，於 2009 年改拍成電影。可惜尼芬格的下一部小說《她的對稱靈魂》（2009）並未承接這部小說的成功。從那時開始，她又重新集中精神在（她自己的）繪本，內容常帶有童話氣息。

---

**歐元**
**成為流通貨幣**

**2002**

《達文西密碼》
丹·布朗

**伊拉克戰爭**
**爆發**

2003

《我所熱愛的東西》
希莉·胡思薇

《祕密警察的國度》
安娜·方德

《時空旅人之妻》
奧黛麗·尼芬格

# 安娜‧戈華達 Anna Gavalda

1970 年生，法國

她可以很迷人，也可以很難相處。她的書也一樣。

安娜‧戈華達苗條，有那種油然而生的法國式美麗。短短的金髮，看起來狂野，但很適合她。她說話快速，笑很多，手勢很多。夏天的時候，她在一個農莊避世生活，不讀報紙，不聽收音機，沒有電視機。

安娜‧戈華達原本是教師，二十八歲時已經有兩個孩子，和丈夫分居。孩子們睡覺的時候，她就寫短篇故事。輕盈但聰慧的文字，她嘗試多年之後，才由一家小出版社印行，一下子賣出四十萬本。法國於是誕生了一個明星女作家，她其實最想擺脫這個名聲，好留在鄉下的驢子、雞隻以及其他動物身邊。除了她目前已經成人的孩子之外，她書中的角色是她最愛的陪伴。

## 作品

標題很美的敘事小說集《我希望有人在什麼地方等我》（1999），使得安娜‧戈華達聲名大噪，這位法國女作家因為這本處女作而受到歡迎。她的第一部（不長的）長篇小說《我曾經愛過》（2002）卻奇怪地沒有獲得多少重視，但是兩年後她以《在一起就好》登上暢銷榜，後來由奧黛莉‧朵杜擔綱拍成電影（《巴黎夜未眠》）。她後續的小說並未如此成功，《幸福需要等待》（2008）令人失望，《比利》（2014）讓全國憤怒：太媚俗，太粗魯——《費加洛報》甚至說這本書是「災難」！

### 📖《在一起就好》

波列、法蘭克、菲利貝和卡蜜娥——四個人，四種命運，極端不同，不知怎地卻又相配。

波列八十三歲，必須進養老院。她的孫子法蘭克是個廚子，住在怪人菲利貝那裡，他是個年輕貴族，讀很多書，卻不太能融入真實生活。還有卡蜜娥，二十六歲，消瘦，絕望。她本來是個很有才華的藝術家，但是她晚上當清潔工，住在一個巴黎後院七樓的漏風房間。瘋狂的菲利貝住在高貴的前排屋子，兩人偶爾在入口大門處見面。卡蜜娥生病了，菲利貝帶她到自己的公寓裡，照顧她。和他一起住的法蘭克是個積極的好色之徒，起初和卡蜜娥處得並不好，但是情況有所變化。總而言之，這部小說中有許多人被拯救：卡蜜娥免於受凍和厭食症，法蘭克的祖母頂著粉紅色頭髮離開養老院，還救了一個差點吸毒死亡的癮君子。書名一點都沒錯：在一起就好！

# 史蒂芬妮 · 梅爾 Stephenie Meyer

1973 年生，美國

這位寫吸血鬼和狼人故事的女作家，她是三個男孩的媽，和藹可親、樸素，就是很正常。

她成為暢銷書作家的生活始於一個夢：一個不顯眼的女孩，在遺世獨立的森林裡遇到一個非常有魅力、年輕的吸血鬼，和他一起克服感情關係上的困難。哎唷，其他人也許會直接把夢境丟到腦後，但史蒂芬妮卻把夢境告訴她的姊妹，對方建議她一定要寫下來。在寫作的時候，史蒂芬妮受到繆斯女神的護佑，咻，幾百頁一下就寫滿了，吸血鬼小說完成，全球的出版社很快就嗅到記憶中《哈利波特》的氣息，因為不僅受到目標族群的喜愛，還受到未曾放棄相信真愛、十四歲以上的幾百萬年輕女性的喜愛。

史蒂芬妮 · 梅爾又寫了後續幾部，據說她只花了三個月就寫下手稿。她（當然）主要在晚間寫作，等孩子上床睡覺的時候，有時（想當然）也抱著孩子寫作。

## 作品

處女作《暮光之城》大獲成功，就連史蒂芬妮 · 梅爾本人都招架不住。她從未曾預期有人會喜歡她的書，突然間卻在全球各地擁有粉絲。她的貝拉－愛德華四部曲在三十七個國家出版，全球至今售出超過一億本，電影也超級成功。她的第一部後吸血鬼小說《宿主》（這回是外星科幻小說，但是也有很多愛情故事）於 2008 年出版，高發行量，也同樣改編成電影。

## 📖《暮光之城》

貝拉 · 史旺認識愛德華 · 庫倫時十七歲，他也十七歲——只不過是永遠的十七歲。因為他在大約八十年前幾乎死於流感，醫生——也是吸血鬼——咬了他，讓他免於正常的死亡。這時愛德華也變成吸血鬼，醫生就成了他的養父。但是他們屬於決定不吸人血的吸血鬼一族，過著儘可能正常的生活。愛上一個血液聞起來特別甜美又具誘惑性的女孩並不那麼簡單，另一個很喜歡吸人血的吸血鬼家族出現，而且直接對準貝拉的喉嚨時，情況就更複雜了。愛德華當然奮不顧身擋在前面，貝拉獲救——但堅決要讓她的摯愛咬她一口，好和他永遠合而為一。因為愛德華不想這麼做，於是就有後續三部小說。直到最後一部，貝拉才終於成為吸血鬼。

## 小道消息

史蒂芬妮 · 梅爾是摩門教徒，因此反對婚前性關係。在這幾部小說也就相應地中規中矩，特別是要堅忍。直到第三部，貝拉和愛德華結婚——然後才有性愛場面，但是也隨即到達極限，貝拉立刻懷孕，生了一個吸血鬼小孩。

梅克爾
成為德國總理

Youtube
上線

2005
《暮光之城》
史蒂芬妮 · 梅爾

# 瓊・蒂蒂安 Joan Didion

**1934-2021 年，美國**

多麼沉重的打擊：對她而言最重要的兩個人在一年半之內相繼去世：她的丈夫，作家約翰・格列高利・鄧恩心臟病發，瓊・蒂蒂安當時正在廚房準備沙拉。兩人才剛到醫院探視生病的養女昆塔諾・羅，她罹患流感之後肺部發炎，並發生敗血性休克。除了哀悼丈夫還要擔心女兒，昆塔諾・羅沒有復原，去世。瓊・蒂蒂安被徹底擊垮，她需要寫作才能活下去。

蒂蒂安最剛開始在紐約《時尚雜誌》擔任記者，負責撰寫圖片下方的說明文字。1964年她和約翰・格列高利・鄧恩結婚，和他一同前往洛杉磯，收養昆塔諾・羅。這個小家庭過著知識份子的光彩生活，和重要人士聚會，參加宴會，經常旅行。瓊・蒂蒂安坐在她黃色科爾維特虹魚跑車上的照片是傳奇照片，還有她超大的太陽眼鏡也很經典。*

## 作品

瓊・蒂蒂安以她有關政治、文化及社會的評論而聞名，她是新美國新聞主義的偶像，以比較文學的手法進行即時新聞報導。她也和丈夫合作寫電影腳本。鄧恩去世之後，她在自傳性長篇小說《奇想之年》（2005）處理內心哀傷，因此書而全球知名。失去女兒的哀痛則以《藍夜》（2011）來傳達。除了上述兩部小說，蒂蒂安還寫了五部長篇小說。

## 📖 《順其自然》

小說敘述瑪麗亞・衛斯的生命故事，她高中畢業之後前往紐約，打算當個演員。當然沒有成功，反而成為卑劣的伊凡・卡斯特羅的情人，受到他的利用和欺騙。瑪麗亞得知母親死於一場交通意外，就告別紐約，和伊凡分手，並且跟著新愛人卡特前往好萊塢。

時間跳躍：瑪麗亞和卡特有一個四歲的女兒凱特，凱特有智能障礙，在一家療養院接受治療。瑪麗亞疼愛這個孩子，想接她離開療養院。但她其實一團糟，發生一堆婚外情，懷孕，卡特逼她墮胎，她做惡夢，酗酒，捲入四角戀情，結果（1）其中一個死於毒品過量，（2）瑪麗亞精神崩潰，被送進精神病院。她的新計畫：和凱特好好過日子。

## 小道消息

《順其自然》為瓊・蒂蒂安奠定小說作家的名聲，她的出版社也很興奮（當然），但是這本書讓對方相當不安，甚至在讀過一遍之後打電話給蒂蒂安，確認她一切安好。

---

＊瓊・蒂蒂安還小的時候就有偏頭痛的毛病，她的短文〈病榻〉當中寫著：「沒有人死於偏頭痛，這句話對於正深陷其中的人而言實在稱不上安慰。」

# 基爾絲汀・波伊 Kirsten Boie

**1950 年生，德國**

她的第一篇故事（〈基蘇拉和布蘭特〉）是她五歲時寫在奶油麵包紙上的——字母寫得歪歪扭扭，但是充滿孩子的自信，自覺是受到重視的。如今她是那個重視孩子的人，在她的書裡是理所當然，而在直接接觸時也是如此：每次朗讀會後，基爾絲汀・波伊會回答任何問題，讓孩子們能比網路還更了解作者，因為她甚至告訴孩子們自己的私生活（「你的孩子叫什麼名字？」），而不會多所保留。

—— **把孩子變成讀者是一個非常重要的社會課題。**

基爾絲汀・波伊大學主修文學，曾擔任兩年的教師工作，然後和丈夫一起收養了一個孩子。正如當時普遍情況，她這時必須放棄職業，留在家裡。她在餵兒子吃飯的時候，腦子浮現一個關於收養故事的第一個句子。基爾絲汀・波伊把故事寫下來，寄給不同出版社。1985 年，《保羅是個幸運兒》由歐亭格出版社發行，該出版社同樣因為這個新進作家獲得未曾預料的幸運。因為基爾絲汀・波伊寫很多，成功，獲獎——她卻依舊保持謙遜，毫不招搖。她靜靜地征服孩子們，沒有大張旗鼓：她參與多個推動閱讀的企劃，致力於協助史瓦帝尼的愛滋孤兒。

## 作品

基爾絲汀・波伊目前已經是德國最重要也最聞名的兒童及青少年書籍作家，也是小說作品被翻譯成外語的少數作者之一。她已經寫作超過一百本書，其中有繪本（《七月》）、橋樑書（《金剛》）和青少年小說（《不是芝加哥，不是這裡》、《阿罕布拉》）；有趣的書，嚴肅的書，日常故事和冒險故事。社會不公經常是主題之一（貧窮、排擠、無家可歸），但是一直都很細膩處理。例如基爾絲汀・波伊的新系列主角是個非洲孤兒，可以從中得知絕對貧窮之下的生活——但是《塔波》基本上是本緊張的兒童偵探小說。

### 📖 《小騎士特倫克》

「生為農奴，死為農奴，終生農奴」——這是農場小男孩特倫克絕不接受的生命，他想成為騎士！於是他偷偷地前往城市，帶著他的小豬，小豬不管任何冒險都陪在他身邊。因為時機巧合，特倫克真的成為騎士漢斯・霍恩羅布的侍從。他在城堡裡和漢斯的女兒泰克拉成為朋友，她要不斷編織和彈豎琴，雖然她自己比較想成為騎士。最後他們一起戰勝惡龍，也將特倫克的家人從農奴身分解放出來。

### 迴響

就像一般情況，基爾絲汀・波伊其實只想寫一本，但是讀者反應興奮，特倫克於是得以經歷更多冒險，也成為電視動畫連續劇，甚至登上大銀幕。

| 冥王星<br>從行星降等 | 維基解密網<br>設立 | 德國舉行世界盃足球賽<br>（「夏日童話」） |

雷扎
萬人迷

# 雅絲米娜・雷扎 Yasmina Reza
### 1959 年生，法國

終於！萬歲！有個寫戲劇的女人。有趣而且聰慧的劇作！每個人都喜愛雅絲米娜・雷扎，啊！戲劇可以這麼美。

雷扎的父親是伊朗人，母親是匈牙利人，家族住在巴黎。良好中產階級出身，也是她大部分作品的基礎。她起初是演員，很快就開始寫戲劇。雷扎在很短的時間內就成為最常被演出的當代劇作家——只有三十五歲，難以置信。而且完全看不到任何對雅絲米娜・雷扎的負面評語，她很少接受訪問（就算接受，也只限於平面媒體），謹慎思考遣詞用字，幾乎不說她的私人生活。她的丈夫是電影導演，他們有兩個孩子——結束。

—— 我愛祕密。

雷扎的長處：觀察人們。在日常生活當中，在彼此相處之間，瞬間變成相互對立。表面在何處翻轉，高貴的中產階級在何處脫下面具？她描繪完全正常的生活，卻將之變成戲劇，以精彩的對話讓劇情生動。觀眾笑得東倒西歪，但又能獲得思考的材料。

因為通常是一個角色脫離常軌，使狀況極端爆發，也使她的劇作帶點八卦劇的味道。雅絲米娜・雷扎可不想聽到這些，其實通常出現的只是一些小批評：「有點太浮面」，劇評家低語著，卻沒敢說出來。因為大家的看法一致：戲劇界就等著這位女士！

## 小道消息

除了聰明、成功和風趣：雅絲米娜・雷扎也相當扭曲。據說她從不曾為孩子拍照，而是把所有記憶寫成自傳式短文保存下來（可以閱讀論文集《無處》，2005）——對目前已經成長的孩子而言，不見得是開心的事情。

## 作品

1994 年，雅絲米娜・雷扎成功地以劇作《藝術》達成國際突破。關於友誼的這齣戲獲得各種獎項，甚至包括東尼獎。她還有其他備受讚賞的劇作：好比《三回人生》（2000）以及《殺戮之神》（2006），後面這個劇本甚至在 2011 年被羅曼・波蘭斯基拍成電影。除此之外，她還寫作散文（《幸福的人多快樂》，2014）、電影劇本，以及在法

| 蒙特內哥羅＋塞爾維亞<br>宣布獨立 | 海珊<br>被判死刑 | 推特公司<br>建立 |
|---|---|---|

《殺戮之神》，2006 年

國大選期間，針對尼古拉・薩科吉所撰寫、備受重視的報導（《清晨、傍晚或夜晚》，2007）。

### 📖 《殺戮之神》

兩對夫妻在一個巴黎的公寓裡，安內特和亞蘭・瑞勒硬是要拜訪薇若妮克和米歇爾・衛勒。因為瑞勒十一歲的兒子費狄南在學校裡毆打同年的布魯諾・衛勒，打掉他兩顆牙。哎呀，這種事情在善良的中產階層根本不應該發生，因此要鄭重談談這件事。

起初一切都很順利，薇若妮克和米歇爾願意原諒對方出手的兒子。

但是後來語調越來越嚴厲，夫妻之間的小衝突浮現，相互之間的偏見、弱點和各種複雜心結。亞蘭是成功的律師，手機每幾分鐘就響一次，因為他要協助遮掩一樁醫藥醜聞。他太太早就受夠這些鈴聲。米歇爾一直接到母親的電話，很快就顯現，他母親剛好服用亞蘭電話裡提到的那種藥物。

薇若妮克正在寫一本有關達佛衝突的書，非常嚴厲地批判暴力，她的丈夫贊同，但是：他不是殺了女兒的倉鼠嗎？每個人都專踩對方的痛處，不時說起過去的創傷。

米歇爾提議喝一杯，情況逐漸失控。安內特吐在一本珍貴的畫冊上，把亞蘭的手機丟進花瓶裡。薇諾妮克喝得爛醉，每個人都互相攻擊，最後大家都筋疲力竭。

### 名言

米歇爾：我告訴你們，這些白癡廢話漸漸令人厭惡，我們想當好人，買了鬱金香，我太太把我當作好人推出去，但我其實根本沒有自制力，我是最苦澀的膽汁。
亞蘭：我們每個人都這樣。

### 迴響

超棒的，大家都這麼認為。
劇評家和觀眾＝令人屏息。

# 特別精選
快速瀏覽女作家生平

## 尤麗亞・法蘭克
### Julia Franck
#### 1970 年生，德國

很優秀的德語女作家之一，尤麗亞・法蘭克輕聲登場，毫不浮誇，卻非常有領袖魅力。她生在前東德，1978 年和母親及三個姊妹移居到前西德，五年後她獨自搬到柏林，好在那裡取得高中文憑。

她寫作短文，得到無數的獎項，1997 年出版第一部長篇小說《新來的廚師》。接著平淡地出版其他作品，每一部都獲得應有的重視，贏得許多獎項。之後她在 2007 年以《午間女人》獲得德國書卷獎，也帶來了經濟成果。這是一個家族故事，一個女性的故事，發生在二十世紀前半葉。這本書有一部分是尤麗亞・法蘭克在羅馬寫下的：她獲得炙手可熱的德國學院馬西莫別墅獎學金，和她的兩個孩子住在義大利一年。她也參與公眾事務，通常是針對單親女性藝術家，或是反對亞馬遜集團等課題──以她輕聲卻穿透的方式。

## 索菲・奧克薩寧
### Sofi Oksanen
#### 1977 年生，芬蘭

芬蘭的文學偶像，看起來有點像艾美・懷絲：吹得高高的紫黑色卷髮，蒼白的臉化著濃妝，黑色衣著。但是她搭配一副精緻無框眼鏡，雖然其他外觀是那副樣子，卻立刻為她帶來一抹知識份子的氣質。很恰當，因為她的書都是高水準。傳記虛構小說──真實事件（大部分取自愛沙尼亞歷史）結合小說情節。

奧克薩寧的母親來自愛沙尼亞，父親是芬蘭人，她因此會說這兩種語言。2007 年她以《清洗》揚名立萬，小說是根據她的同名劇作改編：一個年輕的俄國女孩逃離皮條客掌握，在一個老愛沙尼亞人那裡找到庇護。她猶豫著敘述自己的生命故事。索菲・奧克薩寧花時間研究歷史，在當前的討論中表明立場，例如為了爭取少數民族的權利，或是反對普丁的政策。

第一部
iPhone

2007

《不在我父親家的任何地方》
阿希亞・傑巴

《午間女人》
尤麗亞・法蘭克

《清洗》
索菲・奧克薩寧

《沒有人比你更屬於這裡》
米蘭達・茱萊

## 蘇珊・柯林斯
### Suzanne Collins
#### 1962 年生，美國

《飢餓遊戲》三部曲揚名全球，而在這之前，蘇珊・柯林斯已經為比較年幼的孩子寫了一套絕佳的幻想系列叢書：在《地底王國1：光明戰士》（2003）中，有個少年和妹妹進到像紐約地下世界的地方，那裡有巨大的蟑螂、老鼠和其他黑暗生物。使她出名的反烏托邦系列的點子是這麼來的：蘇珊・柯林斯某天晚上在轉換電視頻道的時候，遊戲節目和戰爭紀錄片在她的腦子裡合而為一。再加上她父親的過往經歷，他曾在空軍服役，凱妮絲・艾佛汀於是成形。在三部小說當中，艾佛汀對抗都城的統治，與和善的比德以及具有領袖氣質的蓋爾一起參戰。這部帶有政治－道德宣言的動作三部曲在全球銷售超過 2,300 萬本。

## 夏洛特・洛許
### Charlotte Roche
#### 1978 年生，德國

就是一般青少年會做的事：成立樂團，毒品，剃光頭，然後做些媒體什麼的。夏洛特・洛許的情況就是這一切無縫銜接。二十歲的時候，她在電視台主持一個音樂節目，以她獨特的方式受到兩極的評價，也贏得了獎項，然後在其他電視台主持其他節目。之後她稍微沉寂了一些，直到她三十歲出版她的第一部長篇小說。故事涉及剃陰毛、身體氣味、痔瘡和奇特的性愛方式。這些只是一部分。起初所有的人都錯愕不已，然後每個人都買了書，《潮溼地帶》（2008）變成超級暢銷書。（部分自傳色彩的）下一部小說《母體的祈禱》（2011）同樣暢銷，第三部長篇小說《每個人的女孩》（2015）相反地沒有那麼熱銷。

## 珍・嘉丹
### Jane Gardam
#### 1928 年生，英國

第三個孩子上小學時，珍・嘉丹四十歲，顯然覺得是時候做些新的事情。就在同一天早上，她開始寫作。短篇故事、童書、長篇小說。這些書贏得獎項，甚至獲得英國女王頒發的功績勳章。她的長篇小說《戴木頭帽的男人》（2009）——有關大英帝國的三部曲序幕——直到2015 年才在德國上市，出人意表地成功，使得當時已經八十七歲的嘉丹成為文學界的時髦女郎。所有的人都迷上這個口吃法官的故事，他幾乎在英國殖民地香港度過一生。專欄對作者讚譽有加，而她在英語地區早已長期受到重視。

全球
財經危機 ｜ 歐巴馬
就任美國總統

2008
《飢餓遊戲》
蘇珊・柯林斯 ｜ 《潮溼地帶》
夏洛特・洛許

2009
《戴木頭帽的男人》
珍・嘉丹

# 特別精選
快速瀏覽女作家生平

## 珍妮佛・伊根
Jennifer Egan
1962 年生，美國

2001 年，兩架飛機衝入世界貿易中心雙子大樓的時候，珍妮佛・伊根也許比其他人都更感到混亂。因為她剛出版的長篇小說《看著我》當中提到有個恐怖份子摧毀紐約的天際線⋯⋯這是她的第一部作品，她在其中就已經做形式實驗，很快便成為她的標誌，並且在 2011 年為她贏得普立茲獎——頒給她的暢銷書《時間裡的癡人》：音樂製作人班尼・薩拉查回想他動人的過往，但是眼前和未來並不會有所改變（當然有很多性愛和毒品情節）。以變換的時間點、觀點和敘述形式描寫故事，有一章就像用簡報軟體寫成，讓評論家有點難以忍受。現代！實驗性！有點像臉書！搖滾！呃——龐克。

珍妮佛・伊根繼續實驗，2013 年發表《黑盒子》，一部驚恐小說，只以推特推文組成。

## E. L. 詹姆絲
Erika Leonard James
1963 年生，英國

埃里卡・倫納德（Erika Leonard）是《暮光之城》的大粉絲，卻覺得貝拉和愛德華之間的愛太拘謹，於是把故事進一步改編（＝粉絲虛構小說），往性虐的方向推演，其他粉絲卻不怎麼喜歡。因此她就改變主角們的名字（也順便改掉自己的名字），把故事用電子書的形態發行，書名是《格雷的五十道陰影》。情節：二十一歲的文學系大學生安娜塔希婭・史迪爾還是個處女，認識了年長六歲的億萬富翁克里斯欽・格雷，難以招架兩人之間的激情。激情來自雙方，但是克里斯欽只對性虐有興趣。對拘謹的安娜而言有些詫異，但這哪算什麼呢。即使她總是臉紅，克里斯欽喚醒她「內在的女神」，（藉助電線捆綁）讓安娜下身肌肉「美味地緊縮」。讀者這時已經知道一些性虐的理論進階，很快也知道克里斯欽在少年時期被性虐待，還有個受創的童年等等。

雖然文學品質有待商榷，這本家庭主婦情色小說變成祕密交流作品，印成書，有兩本續篇，然後拍成電影，最後這個三部曲銷售超過一億本。

---

## 拉克什米・帕穆賈克
### Laksmi Pamuntjak
#### 1971 年生，印尼

她第一本書就成為暢銷書：《雅加達美食指南》是一本餐廳導覽。拉克什米・帕穆賈克的才華十分多樣：她十一歲的時候就贏得文學獎，以鋼琴家的身分登台演奏，並且在澳洲上大學讀政治系。目前她在自己的書店裡工作，是印尼最知名的女作家。她的長篇小說《安巴》（2012）描述蘇哈托政權之下的共產主義者大屠殺，使得她在國外也闖出名聲。長達 600 頁的史詩，描繪一個年輕女性尋找被抓走的愛人，是印尼動人歷史的編年紀。2015 年，這個擁有超過 17,000 個小島的國家是法蘭克福書展的主題國，記者們圍繞在拉克什米・帕穆賈克身邊，她看起來就像個電影明星，非常有主見地談論文學，以及家鄉的歷史。

## 諾薇歐蕾特・布拉維尤
### NoViolet Bulawayo
#### 1981 年生，辛巴威

她的首部作品在 2013 年一出版，就進入曼布克獎決選名單——這是首次有深膚色非洲人的小說進入決選。作家原名依莉莎白・贊狄樂・傑勒（Elizabeth Zandile Tshele），出生於辛巴威，十八歲時前往美國和姑母住在一起，並改掉名字：布拉維尤是她的家鄉地名，薇歐蕾特是去世母親的名字，母親逝世時她才一歲，而 "No" 在她的母語當中意味著「與」，因此她筆名的意思就是「和母親同在家鄉」。

她的長篇小說《我們需要新的名字》（2013）述說一個十歲女孩達玲的故事，在穆加比獨裁政權下，她在辛巴威一個鐵皮屋聚落裡生活。這裡生無可戀，食物太少，暴力、愛滋病、酒精太多，而且無人聞問。孩子們玩著「捕捉賓拉登」的遊戲，嬉笑著偷取番石榴——在達玲眼中，這裡就是天堂。她十四歲投靠姑母，前往充滿希望的美國之際，雖然無須再挨餓，但是她從不曾快樂。對家鄉的渴望一直都在。

和布拉維尤個人的生活相似之處一眼可見，即使如此，這部長篇小說並非自傳。

---

| 希拉蕊・曼特爾獲頒布克獎（第二度） | 十億人起義 | | 教宗本篤十六世退位 | 國家安全局監控醜聞（史諾登） |
|---|---|---|---|---|
| | | **2012** | | **2013** |
| 《安巴》拉克什米・帕穆賈克 | 《臨時空缺》J.K. 羅琳 | | 《我們需要新的名字》諾薇歐蕾特・布拉維尤 | 《火焰投擲者》瑞秋・庫什納 |

# 關於圖書二三事
紀錄和奇聞

## 新鮮現印

在德國每年出版大約 8 萬本新書。

## 過期！

奧克蘭有個圖書館使用者在過期六十七年後，才把一本有關毛利人神話的書歸還圖書館。她本來必須為逾期歸還支付罰款 24,000 美元，不過後來罰款被撤銷。

## 休假讀物

80% 的書在假期被閱讀。

## 香水

閱讀不錯，聞香更好。即使手邊沒有書可陶醉，還可以在紙上噴香水。卡爾・拉格斐的包裝當然也像書一樣。

## 讀成精

女性比男性閱讀多一倍的暢銷書，趨勢還在上揚。

## 第一名

愛莉絲・布朗（美國）於 1887 年寫了名副其實的第一本所謂「暢銷書」，書名：《大自然的愚人》。

## 叮！

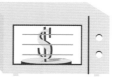

有個美國女性在一家二手店買了一本微波爐食譜，在書頁之間發現 40,000 美元。

## 巨人

冰島人是世界閱讀冠軍，93%
的冰島人至少每年會閱讀一本
書。還有更棒的：每十個冰島
人就有一個自己寫本書！

## 被擊敗

在德國，看書在休閒排
行榜上排名第十二，看
電視是第一名，運動是
第十四名。

## 噴發而非噴灑

1,200萬

《哈利波特》第七部（2007）是全
球發行量最高的初版：1,200 萬本。
第一部的初版只有 500 本！

## 積讀

買書，疊起來卻從未
閱讀——在日本甚至
有個專有名詞「積ん
読」形容這種行為！

## 速讀

未經訓練的讀者每分鐘大約可以讀
100 字，經過訓練的讀者可達到每
分鐘 1,000 字。

用閱讀應用軟體可以讓每個人每分
鐘閱讀 1,000 字，閱讀的時候，眼
睛不動：一個又一個的字出現在螢
幕上。

速讀世界冠軍安‧瓊斯每分鐘可以
閱讀 4,700 字，但是只了解內容的
67%。

## 噓！

一千六百年前，輕讀
是了不起的才華，米
蘭主教安布羅西烏斯
掌握無聲閱讀技巧，
並因此而出名。

AMBROSIVS

阿迪契

不妥協者

# 奇瑪曼達・恩格茲・阿迪契 Chimamanda Ngozi Adichie

1977 年生，奈及利亞

這位女士可是每個出版社行銷的莫大幸運：聰慧、成功、有魅力、風趣、美得不得了，而且——在文學界算異數——她懂得娛樂。不管是大學演講、電視訪問還是脫口秀，奇瑪曼達・恩格茲・阿迪契都讓人振奮。＊她總是以頭髮的趣事軼聞開場，然後——還一邊咯咯笑著——很快就跳到真正的主題：美國微妙但屬日常的種族主義。兩者如何息息相關，可以從她成功的小說《美國佬》讀出來。

阿迪契十九歲時離開奈及利亞，前往美國讀書。但是她一直和祖國保持聯繫，目前輪流住在奈及利亞和美國，她一再對政治發表意見，是西方世界當中重要的非洲之聲。

## 作品

阿迪契起初發表詩、短篇故事和一部劇作。2003 年她以首部長篇小說《紫木槿》而聞名，故事發生在非洲，第二部小說《半輪黃日》（2006）也一樣。她獲得幾個獎項，一再被邀請談論歧視、女權以及家鄉的意義。她的第三部長篇小說《美國佬》使她成為國際暢銷書作家。

## 《美國佬》

蜜雪兒・歐巴馬究竟為什麼燙直她的頭髮？這部小說就圍繞著這個問題及其答案（＝因為其他一切都無法想像！）：1990 年代，年輕的依菲美露離開家鄉奈及利亞（也和青梅竹馬歐賓徹分離），為了到普林斯頓大學讀書。她沒有工作許可，幾乎要賣身籌錢，因此感到無比羞愧，再也不和歐賓徹聯繫。最後依菲美露認識一個有錢的白人，讓她取得綠卡。她討論美國日常種族主義的部落格越來越受歡迎，即使如此，她最後還是返回奈及利亞，和歐賓徹重修舊好。

本書主題是歧視的各種面向，以及（稍多）關於頭髮、膚色還是會造成差別待遇。

---

＊她了不起的 TED 演說「我們都該是女性主義者」在 Youtube 達到幾百萬次的點播率。碧昂絲把其中一部分寫進她的歌《完美無瑕》。

2013

「黑人的命也是命」運動
（美國）

2013
《美國佬》
奇瑪曼達・恩格茲・阿迪契

《美國佬》，2013 年

# 特別精選
快速瀏覽女作家生平

## 喬喬・莫伊絲
### Jojo Moyes
#### 1969 年生，英國

愛情加疾病或身障——總是讓讀者感動落淚，喬喬・莫伊絲也就不出所料地登上暢銷榜。原名為寶琳・莎拉・喬・莫伊絲（Pauline Sara Jo Moyes）的這位英國作家，平平淡淡地寫作成功的娛樂小說。直到《我就要你好好的》，癱瘓的威爾與其女看護露易莎的愛情故事才讓她在國際上有所突破。後面的每部小說也都是暢銷書，理所當然地也拍出一部電影。喬喬・莫伊絲保持謙遜，腳踏實地。她和丈夫以及三個孩子住在鄉下，以非常可愛的方式為自己的成就感到開心。

## 瑪莉蓮・羅賓遜
### Marilynne Robinson
#### 1943 年生，美國

已經奠定地位的這位美國作家在德國比較沒那麼出名，但是過去幾年她一再地出現在諾貝爾文學獎的熱門名單上。她的長篇小說《遺愛基列》（2004）獲普立茲獎，和其他兩部《家園》（2008）及《萊拉》（2014）組成三部曲，描述兩個神職人員及其家族之間的友誼，每部小說也可以是獨立的故事。有點老派，但是非常美國。

興趣廣泛的美國前總統巴拉克・歐巴馬是作者的大粉絲，甚至對她進行了一大段（巧妙的）訪問。這種事也是會發生的。

## 尤荻特・赫爾曼
### Judith Hermann
#### 1970 年生，德國

尤荻特・赫爾曼二十八歲時發表了第一本記述小說選集《夏日之屋》（1998），讓通常相當嚴厲的德國評論家十分陶醉。她以簡單的句子創造出綿密的氣氛，卻沒有任何緊張情節。她成為世代之聲，然後沉寂了很久。五年後第二本記述小說集《只有鬼魅》（2003）出版，並未受到熱烈歡呼，但是也被接受，第三本小說集《愛莉絲》（2009）也是如此。直到 2014 年才出版經過漫長等待的長篇小說：《愛的開端》受到嚴厲的檢視，尤荻特・赫爾曼還能寫嗎？長篇小說？有部分書評否定了，從前的奇蹟小姐被變成蝸牛——赫爾曼驚嚇不已，退縮起來，又開始寫記述小說，《雷提公園》於 2016 年出版，幾乎只有正面評論。

## 多爾特・韓森
### Dörte Hansen
#### 1964 年生，德國

五十歲才出版處女作——而且那麼成功，全德國都在談論「多爾特・韓森奇蹟」。擔任記者的時候，她就以語言洗鍊的報導令人印象深刻，她的報導總是貼近中心人物，從未背離事實（雖然總是隱含幽默）。她的第一部長篇小說《故土》以各種面相處理家鄉這個課題：薇拉必須和母親逃離東普魯士，落腳在漢堡故土地區的農舍裡，經過多方忍耐，之後才有身在家鄉的感覺。幾十年後，她的外甥女安娜帶著小兒子站在她家門前：安娜離開丈夫，也擺脫漢堡惹人厭的炫耀媽媽景象。故事也順帶描述，鄉村生活不是自製果醬組成的詩意景致。這部長篇小說在德國盤據暢銷榜第一名好幾個月，被翻譯成多國語言。

## 尤麗・策
### Juli Zeh
#### 1974 年生，德國

如果要進行結合政治及文化的相關訪談，邀請這位德國最受歡迎的知識份子準沒錯，尤麗・策根本（真的！）熟悉任何課題——個資保護、歐元危機、智慧財產權、隨機殺人、戰爭——她都有自己的看法，除此之外還寫了備受讚譽的長篇小說。小說也涉及各種可能的主題：國際法結合愛情及犯罪（《雄鷹與天使》，2001），只談愛情（《零時》，2012），或是道德（《人間》，2016）。她還寫作劇本、評論、專欄和廣播劇。

---

巴黎 | 難民
恐怖攻擊 | 危機

英國脫歐
公投

2015     2016     2017

《臣服》 | 《故土》 | 《無辜》    《人間》    《我們晚點再睡》
米樹・韋勒貝克 | 多爾特・韓森 | 弗蘭岑    尤麗・策    褚薩・邦克

# 其實……

## 還有更多的女作家

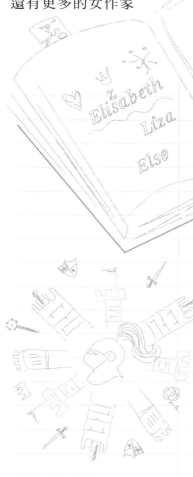

……可惜這本書要在此打住。當然還缺了一些名字和作品！隨著時代前進，越來越多書寫的女性。這本書沒有介紹到一些很受歡迎的女性作家，好比賽西莉亞·埃亨（前愛爾蘭首相的女兒，沒有人料到她二十出頭就寫了一部全球暢銷書，《P.S. 我愛妳》只是開端），她的愛爾蘭同行瑪麗安·凱斯當然值得一提；黛安娜·蓋伯頓和她的《異鄉人》傳奇（大可以取笑她——或者就對她了解目標族群表示敬意）；麗貝卡·蓋博（中古世紀！騎士！超級暢銷書！）還有了不起的喬安娜·特洛勒普、安妮·泰勒、蕾娜特·多利斯坦（荷蘭→內幕消息！）、瑪格麗特·德·摩爾（也是荷蘭人，提供給多愁善感的女性讀者）以及艾琳·狄雪。過往的一些女性作家在本書中也找不到位置：弗蘭納里·奧康納——悲哀的命運，幾乎被人所遺忘，正如凱薩琳·安·波特。伊麗莎白·鮑恩、伊莉莎白·蓋斯凱爾及羅西娜·布威爾·萊頓（非常勇敢，公然反對身為作家及政治家的丈夫，對方於是把她丟進精神病院）。許多非洲女性作家也值得一書：琦琦·丹加倫巴（辛巴威）、瑪莉阿瑪·巴（塞

內加爾）、泰葉·瑟拉希（好吧，英國人，但是非洲後裔，也以非洲為主題寫作），以及拉丁美洲女性作家如羅莎里歐·卡斯特亞諾斯、帕特里希亞·梅洛以及克拉麗斯·利斯佩克托（巴西的維吉尼亞·吳爾芙，複雜、反覆無常、天才）。許多犯罪小說作家還沒提到（好吧，我為這個文類另外寫了一本書，但即使如此，還是少了點什麼！）：麗莎·麥可隆（還有她受虐的女主角安妮卡·班森）、伊莉莎白·喬治（永不過氣的英國偵探發明者）、泰絲·格里森、卡琳·斯勞特、凱絲·萊克斯和派翠西亞·康威爾（文學解剖Ｙ線的大師）、瑪麗·希金斯·克拉克、喬伊·菲爾汀（美國女性心理驚悚小說女王）、歐莎·拉爾雄（在遙遠的北方）、海倫娜·托斯頓

、依莉莎白·赫爾曼、薇兒·麥克德米以及許多許多其他作家。女性童書作家一如尋常佔太少篇幅：愛瑟·烏里（《家裡的寶貝》）、愛米·羅登（《桀驁不馴》）、露西·莫德·蒙哥馬利（《紅髮安妮》）、安娜·西薇爾（《黑神駒》）、蘿拉·英格斯·懷德（《我們的小農場》）：有趣的傳記，難忘的小說。當然，還有許多當代女性童書以及青少年讀物作家：蘿倫·查爾德（《查理和羅拉》）、柯奈莉亞·馮克（《墨水心》）、茱莉亞·唐納森（《怪獸古肥貓》）、莎拉·彭尼帕克（《克萊門汀》）、凱特·勾蒂、安娜·佛茲、安妮·沃霍夫、珍妮·瓦倫丁，以及其他許多作家。

**寫下不容被遺忘的。**

伊莎貝‧阿言德